Recettes à la
Machine
à pain

plus de 230 recettes inévitablement délicieuses et faciles

Nicola Marie

2023 𝒩. Marie

Table des matières

Introduction 8

1. Pain au babeurre pour la machine à pain 1 — 9
2. Pain au babeurre 2 — 9
3. Pain au babeurre 3 — 10
4. Pain au babeurre 4 — 10
5. Pain au babeurre aux graines de lin — 10
6. Pain du dimanche — 11
7. Pomme de terre - Pain à l'oignon — 11
8. Pain à l'oignon pour la machine à pain — 11
9. Pain de pommes de terre 1 — 12
10. Pain de pommes de terre 2 — 12
11. Pain de pommes de terre 3 — 12
12. Pain de pommes de terre rapide dans la machine à pain 4 — 13
13. Pain de pommes de terre 5 — 13
14. Pomme de terre - épeautre – pain — 13
15. Pomme - Chocolat – Pain — 14
16. Pain au chocolat — 14
17. Pain au poivre American — 15
18. Pain aux herbes — 15
19. Pain sucré aux pommes — 16
20. Compote de prunes ou confiture de prunes du BBA — 16
21. Purée de prunes sans sucre au BBA — 16
22. Pain mélangé juteux pour la machine à pain — 17
23. Pain complet juteux — 17
24. Multigrain juteux - pain complet — 18
25. Confiture de courgettes aux pommes — 18
26. Pain complet au babeurre — 19
27. Pain au levain du BBA — 19
28. Pain au levain 3 céréales — 20
29. Pain - Epeautre sésame — 21
30. Pain d'épeautre complet — 21
31. Pain d'épeautre aux raisins secs pour la machine à boulanger — 22
32. Pain complet de la machine à pain — 22
33. Pain complet carotte épeautre au miel — 23
34. Pain d'épeautre au seigle et au quark — 23
35. Mon pain d'épeautre complet préféré avec des graines pour la machine à pain — 24
36. Pain complet à l'avoine et à l'épeautre de la BBA — 24
37. Pain d'épeautre complet au sarrasin et aux graines — 25
38. Pain d'épeautre à la farine de sarrasin pour le BBA — 25
39. Pain d'épeautre complet au sirop — 26

40. Pain d'épeautre aux flocons d'avoine 26

41. Pain d'épeautre au babeurre pour la machine à pain _____ 27

42. Pain d'épeautre vert _____ 27

43. Pain - Fromage de brebis _____ 28

44. Courgettes - herbes - pain pour machines à boulanger _____ 28

45. Pain aux oignons français _____ 29

46. Pain aux oignons au babeurre de la machine à pain _____ 29

47. Pain aux oignons frits pour la machine à pain _____ 30

48. Pain aux oignons _____ 30

49. Pain aux flocons d'avoine pour la machine à pain _____ 31

50. Pain pour machines à pain _____ 31

51. Tournesol - épeautre - pain _____ 32

52. Pain de campagne pour la machine à boulanger _____ 32

53. Pain de campagne pour la machine à pain 33

54. Pain 100% grains entiers _____ 33

55. Pain dominical sucré aux grains entiers de Vera, aux noix et aux raisins secs 34

56. Pain paysan grec _____ 35

57. Pain plat turc _____ 35

58. Pain graham _____ 35

59. Le pain fitness pour la machine à pain 36

60. Pain de blé complet de la machine à pain 36

61. Pain mixte seigle-levain, cuit à la machine à pain _____ 37

62. Petits pains moelleux croustillants et aérés 38

63. Petits pains multigrains _____ 39

64. Graine de pavot - pain aux graines de tournesol _____ 39

65. Juments aux raisins pour la machine à pain _____ 40

66. Raisins secs - juments aux amandes _____ 40

67. Pâte à pizza pour machine à pain 1 40

68. Pâte à pizza de la machine à pain 2 41

69. Pâte à pizza dans la machine à pain 3 41

70. Pâte à pizza de la machine à pain 4 42

71. Pizza moitié-moitié : Roquette Jambon de Parme salami à l'huile d'ail _____ 43

72. Pain nature au levain _____ 44

73. Pains plats de Pâques sucrés _____ 44

74. Pain plat au sésame _____ 45

75. Pain à pizza 1 _____ 45

76. Pain à pizza 2 _____ 46

77. Pain à pizza 3 _____ 46

78.	Pain à pizza 4	47
79.	Pain à pizza 5	47
80.	Pain pizza à la Mäusle	48
81.	Pain Surprise Kinder 1	48
82.	Pain Surprise Kinder 2	48
83.	Pâte levée BBA	49
84.	Pâte à levure dans la machine à pain	49
85.	Pâte à tartiner Stevia fraise de la machine à pain	50
86.	Pâte à levure salée	51
87.	Pain de consignation	51
88.	Pain italien pour la machine à pain	52
89.	Pain blanc italien	52
90.	Pain blanc	52
91.	Pain naan	53
92.	Pain vanille	53
93.	Pain muesli 1	54
94.	Pain muesli 2	54
95.	Griller 1	55
96.	Griller 2	55
97.	Petit pain à l'eau	55
98.	Pain à la banane	56
99.	Pain multigrains au babeurre pour la machine à pain	56
100.	Babeurre - Pain aux Raisins	57
101.	Pain gofio	57
102.	Pain aux noix pour la machine à pain 1	58
103.	Pain aux noix 2	58
104.	Pain aux noix 3	58
105.	Herbes - noix – pain	59
106.	Pain de blé mélangé pour la machine à pain 1	60
107.	Pain de blé mélangé pour la machine à pain 2	60
108.	Pain de blé mélangé 3	60
109.	Pain de blé Okara aux graines de tournesol	61
110.	Pain aux raisins Okara	62
111.	Pain aux tomates Okara	62
112.	Pain noir	63
113.	Pain aux raisins / juments aux raisins à la farine d'épeautre pour la machine à pain	63
114.	Pain de Silésie pour les machines à pain	64
115.	Streusel pour la machine à pain	65
116.	Pain au yaourt d'épeautre de la machine à pain	65
117.	Yaourt - citron - pain aux carottes	66
118.	Pain au yaourt d'épeautre du BBA	66
119.	Pain au yaourt	66
120.	Pain aux carottes 1	67
121.	Pain aux carottes 2	67
122.	Pain aux graines de citrouille	67

123. Blé - pain aux flocons d'avoine _ 68	144. Pain aux grains pour la machine à pain 78
124. Pain blanc pour BBA 1 _____ 68	145. Pain aux bananes / Gâteau aux bananes 78
125. Pain blanc d'épeautre de la machine à cuire 2 _____ 68	146. Pain aux bananes avec levure ___78
126. Pain blanc 3 _____ 69	147. Pain de seigle mixte 1 _____79
127. Pain blanc 4 _____ 69	148. Pain de seigle mixte 2 _____79
128. Pain blanc 4 _____ 70	149. Pain de seigle mixte au levain 1 _80
129. Pain blanc au fromage 5 _____ 70	150. Pain de seigle mixte au levain 2 _80
130. Pain aux pommes de terre Siegerland de la machine à pain_____ 71	151. Pain de seigle _____80
131. Biscuit au citron pour la machine à pain 71	152. Pain complet - Seigle - épeautre 181
132. Biscuit amande cannelle aux cerises 72	153. Pain complet seigle-épeautre de la machine à pain 2_____81
133. Cannelle - raisins secs - pain aux noix 72	154. Pain de seigle complet 3 _____82
134. Pain épicé aux oignons pour la machine à pain _____ 72	155. Pain complet - pain de semoule _82
135. Pain épicé de la machine à pain 73	156. Délicieux pain complet seigle-épeautre au levain _____83
136. Pain de canneberge _____ 73	157. Pain de seigle au levain _____83
137. Délicieux pain rapide aux céréales végétales pour la machine à pain_____ 74	158. Pain de seigle au kéfir d'épeautre aux graines de lin et au levain de la machine à pain 84
138. Pain aux courgettes pour la machine à pain _____ 75	159. Gâteau mixte au fromage blanc pour la machine à pain_____84
139. Pain aux olives _____ 75	160. Gâteau au citron de la machine à pain 85
140. Pain à l'ail avec feta _____ 76	161. Pain complet sans gluten de la machine à pain _____85
141. Pain à l'ail _____ 76	162. Gâteau de levure de l'étain avec pudding et crumbles_____86
142. Pain de base _____ 77	163. Pain de Noël_____86
143. Pain de quinoa complet_____ 77	

164.	Pain de blé nature	87
165.	Pain de blé entier	87
166.	Yaourt - Pain Nutella	88
167.	Pain protéiné pour la machine à pain	88
168.	Pain protéiné pour la machine à pain	89
169.	Pain aux graines de citrouille pour la machine à pain (BBA)	90
170.	Pain aux graines pour la machine à pain	90
171.	Pain aux graines de pivot	91
172.	Pain aux graines de lin	91
173.	Pain à la citrouille 1	92
174.	Pain à la citrouille 2	92
175.	Pain à grains multiples	93
176.	Pain aux graines de pavot à la crème sure	93
177.	Bagels à la citrouille	94
178.	Pain complet Emmer rustique pour la machine à pain	95
179.	Pain sans gluten dans la machine à pain	95
180.	Pain sans gluten sans mélanges de farine prêts à l'emploi	96
181.	Pain aux céréales sans gluten	97
182.	Pain aux céréales au babeurre	97
183.	Pain d'épeautre – Sarrasin	98
184.	Pain aux cerises de la Forêt-Noire	98
185.	Pain aux cacahuètes pour la machine à pain	99
186.	Egg ring ou egg roll pour la machine à pain	99
187.	Pain d'épeautre mélangé pour la machine à pain	100
188.	Pain d'épeautre complet aux cacahuètes pour la machine à pain	100
189.	Cacahuète - Chocolat – Pain	101
190.	Pain d'avoine pour la machine à pain	101
191.	Pain au fromage frais pour la machine à pain	102
192.	Pain d'épeautre complet pour la machine à pain	102
193.	Pain complet pour la machine à pain	103
194.	Pain de Pâques portugais sucré pour la machine à pain 1	103
195.	Pain de Pâques portugais sucré pour la machine à pain 2	104
196.	Pain dans la machine à pain	105
197.	Pain d'épeautre mixte pour la machine à pain	105
198.	Pain sud-tyrolien au cumin et à l'anis pour la machine à pain	106
199.	Chocolat pour enfants - pain surprise pour les fabricants de pain	106
200.	Pain à la choucroute pour la machine à pain	107
201.	Pain aux noisettes de la machine à pain	107

202. Pain de Pâques pour la machine à pain 108
203. Pain au basilic _____ 108
204. Pain à la betterave pour la machine à pain 109
205. Pain mixte aux graines de lin dans la machine à pain _____ 109
206. Pain mixte de Romi _____ 110
207. Pain mixte au seigle _____ 110
208. Pain mixte au sarrasin sans gluten 111
209. Pain mixte _____ 111
210. Pain au curry _____ 112
211. Pain à faible teneur en sel cuit dans la machine à pain _____ 112
212. Pain sans gluten et végétalien pour la machine à pain _____ 113
213. Pain aux œufs 1 _____ 114
214. Pain aux œufs 2 _____ 114
215. Gâteau cassant à la cannelle de la machine à pain _____ 115
216. Pain au saindoux et aux oignons pour la machine à pain _____ 116
217. Pain de tournesol _____ 116
218. Pain rhum - raisins secs - noix pour machine à pain _____ 117
219. Noix de cajou - Pain au miel pour machine à cuire _____ 117
220. Pain Prune Noix _____ 118
221. Pain à la citrouille et au piment 119
222. Okara juteux - graines de lin – pain 120
223. Baguette au babeurre _____ 120
224. La tresse aux noix de maman ___121
225. Maïs élevé 1 _____ 122
226. Maïs élevé 2 _____ 122
227. Maïs élevé 3 _____ 123
228. Le pain de maïs ultime _____ 124
229. Pain de maïs aux raisins secs ___124
230. Pain d'épeautre au sarrasin, graines de chia et flocons d'avoine _____ 125
231. Pain d'avoine à l'épeautre au miel et babeurre _____ 126
232. Banane - Noix – Pain _____ 126
233. La baguette au beurre d'herbes d'Anja du BBA _____ 127
234. Pain de seigle de Scandinavie ___128
235. Pain de riz sans gluten sans mélanges de farine prêts à l'emploi ____129
236. Pain aux arachides _____ 130
237. Pain Vital _____ 130
238. Croûte de pain au levain _____ 131
239. Pain snack _____ 132
240. Petits pains copieux _____ 132
241. Petits pains fourrés aux champignons _____ 133
242. Pain au potiron de Provence ___133

Introduction

Une machine à pain est un appareil de cuisine super utile pour ceux d'entre nous qui apprécient un pain frais et croustillant, mais qui n'ont pas le temps de le faire de manière traditionnelle en pétrissant et en formant à la main.

Machine à pain : le fonctionnement de ce magnifique appareil et les recettes pour réaliser un excellent pain maison.

Voyons brièvement comment est fabriquée la machine à pain et comment elle fonctionne

C'est un appareil de forme compacte à l'intérieur duquel se trouve un panier où sont placés les ingrédients. On y accède par un couvercle placé au sommet qui abrite généralement une sorte de hublot, utile pour contrôler les différentes étapes de traitement. Toujours dans la partie supérieure se trouvent les touches pour sélectionner les différentes fonctions.

Les machines permettent très souvent de sélectionner plusieurs niveaux de cuisson (généralement 3) pour obtenir un pain au brunissement plus ou moins accentué. Dans certains modèles, il est possible de sélectionner une procédure rapide pour la préparation du pain blanc, réduisant considérablement les temps.

Quelles farines peuvent être utilisées pour la machine à pain ?

Les ingrédients à placer dans le panier sont ceux traditionnellement utilisés pour faire du pain à la maison : farine, levure, eau et sel. En ce qui concerne la farine, elle doit être suffisamment "forte", c'est-à-dire contenant un bon pourcentage de gluten, pour obtenir une masse résistante pouvant bien supporter le poids du levain.

Libérez la polyvalence de votre machine à pain avec des recettes de pain maison.

Nous travaillons à fournir à notre public toutes les recettes possibles pour votre machine à pain. Toutes les recettes sont entièrement testées pour garantir à la fois la qualité et le meilleur résultat.

Enfin, il n'est pas rare d'utiliser la fonction cuisson seule (évitant ainsi les phases de préchauffage, de pétrissage et de levée) pour compléter la préparation du pain s'il n'est pas jugé bien cuit et avec le bon brunissage, ou simplement pour le réchauffer lorsqu'il est déjà cuit.

Transformez votre cuisine en une véritable boulangerie avec plus de **230** délicieuses recettes.

1. Pain au babeurre pour la machine à pain 1

- *Temps de travail environ **10** min - Temps de repos environ **3** heures*
- *Durée totale environ **3** heures **10** minutes*
- Portion **: 1**

Ingrédients

- 500ml Babeurre
- 1 cuillère à soupe Vinaigre
- 300 grammes Farine de blé, type 550
- 200g Farine de seigle, type 1150
- 1 cuillère à café Sel
- 7g Levure sèche (1 sachet)

Préparation

1. Mettez d'abord le babeurre et le vinaigre dans le plat de cuisson, puis la farine, le sel et la levure sèche. Sélectionnez le programme "normal" sur la machine à pain ou un programme qui a un temps de préparation d'environ 3 heures.

2. Le vinaigre laisse le pain légèrement aigre et a ensuite un goût similaire au pain au levain.

2. Pain au babeurre 2

- *Temps de travail environ **10** min*
- *Durée totale environ **10** minutes*
- Portion **: 1**

Ingrédients

- 100ml Eau
- 120ml Babeurre
- 1 cuillère à soupe huile
- 1 cuillère à café Sucre
- 1 cuillère à café Sel
- 240g Farine (farine de blé type 550)
- 60g Farine (farine de seigle type 1150)
- 1 pincée acide ascorbique
- ½ cuillère à café levure (levure sèche)

Préparation

1. Mettre tous les ingrédients dans la machine à pain.
   - Programme : normal
   - dorage : moyen

3. Pain au babeurre 3

🕐 *Temps de travail environ **5** min - Durée totale environ **5** min*
🍽 *Portion : **1***

Ingrédients

- 300ml Babeurre
- 1½ cuillère à soupe margarine
- 1 cuillère à soupe Sel
- 1 cuillère à soupe Sucre
- 540g Farine, type 1050
- 1 paquet levure sèche

Préparation

1. Placez les ingrédients dans le BBA dans l'ordre.
2. Régler le programme "NORMAL" et le tour est fini !

4. Pain au babeurre 4

🕐 *Temps de travail environ **10** min - Durée totale environ **10** min*
🍽 *Portion : **1***

Ingrédients

- 200ml Eau
- 200ml Babeurre
- 200g Farine de blé (grain entier)
- 200g farine (farine de blé)
- ½ paquet levure (levure sèche)
- ½ c. Sel
- 1 coup Vinaigre
- 40g beurre ou margarine
- Graines de tournesol au goût

Préparation

1. Placez les ingrédients dans la machine à pain en veillant toujours à mettre les ingrédients liquides en premier.
2. Entrez le réglage comme suit : 750 g, brunissement foncé, programme normal.

5. Pain au babeurre aux graines de lin

🕐 *Temps de travail environ **10** min - Durée totale environ **10** min*
🍽 *Portion : **1***

Ingrédients

- 250ml Babeurre
- 250ml eau chaude
- 250g Blé finement moulu
- 250g Farine (farine d'epeautre, type 630)
- 100g Graines de lin, broyées
- 2 Cuillères à thé Sel
- 2 Cuillères à thé Sucre de canne (sucre de canne complet) ou miel
- 1 paquet levure (levure sèche)

Préparation

1. Ébouillantez les graines de lin avec l'eau chaude et laissez-les gonfler brièvement.
2. Mettez les ingrédients liquides et le sel, les graines de lin gonflées et les farines dans la machine. Mettez la levure et le sucre dessus.
3. Réglez sur le programme de cuisson "normal" et "léger brunissement".
4. Si la pâte a doublé de volume et que le programme est toujours en cours, éteignez-le et passez en mode cuisson pour garder le pain en forme.

6. Pain du dimanche

*Temps de travail environ **10** min - Durée totale environ **10** min - Portion : **2***

Ingrédients

- 210ml lait
- 1 cuillère à soupe beurre
- 1 cuillère à soupe Sucre
- 1 cuillère à café Sel
- 300 grammes Farine (farine de blé type 550)
- 1 pincée acide ascorbique
- ½ cuillère à café levure (levure sèche)

Préparation

1. Mettre tous les ingrédients dans le BBA.
Programme : bronzage rapide : léger

7. Pomme de terre - Pain à l'oignon

*Temps de travail environ **10** min - Durée totale environ **10** min - Portion : **4***

Ingrédients

- 350ml Eau
- 2 Cuillères à thé Sel
- 1 cuillère à café Sucre
- ¼ cuillère à café poivre
- 400g farine de blé (grain entier)
- 100g gruau
- 30g Poudre de purée de pommes de terre
- 100g Oignons frits (secs d'une boîte)
- 1 paquet levure sèche

Préparation

1. Versez tous les ingrédients dans le moule à pain dans l'ordre indiqué et démarrez le programme de cuisson normal.
2. Avec 4 portions vous obtenez un pain de 1000 g. Si vous voulez un pain de 500 g, faites convertir la recette en 2 portions, 750 g en 3 portions et 1250 g en 5 portions.

8. Pain à l'oignon pour la machine à pain

*Temps de travail environ **10** min - Durée totale environ **10** min - Portion : **4***

Ingrédients

- ½ cuillère à café levure sèche
- 300 grammes Farine de blé, type 1050
- 150g Farine (farine complète de seigle)
- 1 cuillère à soupe Sucre
- 1 cuillère à café Sel
- ½ cuillère à café Poivre en grains, noir, concassé
- 1 cuillère à soupe huile d'olive
- 150g Yaourt nature
- 100g Oignon (oignons frits), produit fini
- 200ml eau, tiède

Préparation

1. Mettez d'abord les ingrédients liquides dans la machine. Puis les sèches. Ajouter les oignons au bip. Avant la levée finale, retirer les crochets pétrisseurs.
   - Réglage du programme : pain normal, taille : 750 g, dorage : au goût.

9. Pain de pommes de terre 1

- 🕒 Temps de travail environ **5** min
- 🕒 Durée totale environ **5** minutes
- 🍽 Portion : **4**

Ingrédients

- 250ml eau (lait ou babeurre facultatif)
- 450g farine (farine de blé)
- 200g Pommes de terre, purée, bouillie
- 1 paquet levure (levure sèche)
- 1 cuillère à café Sel
- 1 cuillère à soupe margarine

Préparation

1. Mettez d'abord le liquide dans le moule à pain, puis le reste des ingrédients. Sélectionnez le programme de cuisson normal pour le blé et le pain mixte. Durée totale du programme : y compris les temps de repos et la cuisson environ 3 heures. Après cuisson, démouler et laisser refroidir.

10. Pain de pommes de terre 2

- 🕒 Temps de travail environ **10** min - Durée totale environ **10** minutes
- 🍽 Portion : **1**

Ingrédients

- 250ml Babeurre ou crème - eau - mélange
- 3 m.- grand Pomme de terre, râpée crue
- 500g Farine de blé ou farine d'épeautre (grain entier)
- 20g Levure
- 1½ cuillère à café Sel

Préparation

1. Placez les ingrédients dans le BBA dans l'ordre.
Programme : Pain complet - Brunissage : Foncé

11. Pain de pommes de terre 3

- 🕒 Temps de travail environ **10** min - Durée totale environ **10** minutes
- 🍽 Portion : **1**

Ingrédients

- 180 ml eau ou lait
- 1 œuf
- 1½ cuillère à soupe Sucre
- 1 cuillère à café Sel
- 1 cuillère à soupe beurre
- 70g Pomme de terre, bouillie et écrasée
- 450g Farine (farine de blé 550)
- ½ paquet levure (levure sèche)

Préparation

1. Mettez tous les ingrédients dans la forme de pâte dans l'ordre indiqué, en ajoutant la levure en dernier. Cuire environ 3 heures dans le programme de base.

12. Pain de pommes de terre rapide dans la machine à pain 4

*Temps de travail environ **15** min - Durée totale environ **15** minutes*
*Portion : **1***

Ingrédients

- 2 Cuillères à thé Sel
- 2 cuillères à soupe Sucre
- 40g beurre, mou
- 50 grammes Poudre de purée de pommes de terre
- 550g Farine de blé, type 550
- 1½ cuillère à café levure sèche
- 400ml lait

Préparation

1. Mettez d'abord le lait, puis les autres ingrédients et enfin la farine et la levure dans la machine à pain (suivre le mode d'emploi).
2. Cuire avec le programme « normal » (« gros pain »/« brunissement moyen »).

13. Pain de pommes de terre 5

*Temps de travail environ **5** min - Durée totale environ **5** minutes*
*Portion : **1***

Ingrédients

- 200ml Eau
- 200ml Babeurre
- 1 cuillère à soupe Sel
- 2 cuillères à soupe Sucre
- 3 cuillères à soupe le lait écrémé en poudre
- 40g beurre, mou
- 50 grammes Poudre de purée de pommes de terre, (Instant Flakes)
- 500g Farine de blé, type 550
- ½ cuillère à café levure sèche

Préparation

1. Placez les ingrédients dans le bac de la machine à pain dans l'ordre indiqué.
2. Réglez le programme "normal", dorage "moyen". Durée du programme, y compris le repos de la pâte et la cuisson, environ 3 heures. Après cuisson, démouler et laisser refroidir.

14. Pomme de terre - épeautre – pain

*Temps de travail environ **5** min - Durée totale environ **5** minutes*
*Portion : **1***

Ingrédients

- 170ml Babeurre
- 1 cuillère à café beurre ou margarine (env. 17 g)
- 340g Pomme(s) de terre, pelée(s), cuite(s), hachée grossièrement
- 1½ cuillère à café Sel
- 1 cuillère à café Sucre
- 400g Farine (épeautre, type 630)
- 100g farine (épeautre complet)
- 1 paquet levure (levure sèche)

Préparation

1. Versez les ingrédients dans le bac de la machine à pain dans l'ordre indiqué.
2. Réglez ensuite un programme qui dure environ 2 heures.

15. Pomme - Chocolat – Pain

- Temps de travail environ **30** min - Temps de repos environ **1** jour **12** heures
- Durée totale environ **1** jour **12** heures **30** min - Portion : **1**

Ingrédients

- 30g Acide naturel de la veille
- 250g farine (seigle)
- 375g farine (épeautre)
- 400ml Eau
- 75g Chocolat (100% teneur en cacao)
- 1 Pomme
- 1 cuillère à café Sel
- 1 cuillère à café Chéri

Préparation

Entrée au levain :

⇒ Le soir, mélanger le levain de la veille avec 200 ml d'eau et 125 g de farine de seigle et réserver au chaud. Le lendemain matin, incorporer 200 ml d'eau et 125 g de farine de seigle et réserver au chaud.

Préparation du pain :

⇒ Le soir mettre le levain dans le moule de la machine à pain (n'oubliez pas d'en retirer pour une croissance ultérieure). Coupez les pommes en petits morceaux, hachez le chocolat en petits morceaux et ajoutez-le dans le moule avec le reste des ingrédients. Réglez la machine à pain sur "pétrir uniquement" et démarrez. Une fois le processus de pétrissage terminé, réglez la minuterie de la machine sur le lendemain matin (pour le petit-déjeuner) et sélectionnez le programme pain complet, la grande taille de pain et le brunissement foncé.

16. Pain au chocolat

- Temps de travail environ **10** min - Temps de repos environ **1h30**
- Temps de cuisson/cuisson environ **25** minutes - Durée totale environ **2** heures **5** minutes - Portion : **1**

Ingrédients

- 350ml lait
- 1 cuillère à café Sel
- 50 grammes Sucre
- 50 grammes beurre
- 1 cuillère à café Cannelle
- 130g Chocolat en bloc, haché
- 450g Farine de Blé Type 550
- 1 paquet levure sèche
- Supplémentaire farine à mouler

Préparation

1. Verser les ingrédients dans le moule de la machine à pain dans l'ordre indiqué. Réalisez la pâte dans le programme pâte, puis sortez-la et formez des boudins avec les mains farinées sur un plan fariné. La pâte sera un peu collante, mais la farine facilite le façonnage des petits pains. Le bloc de chocolat a fondu et la pâte est noire.
2. Placer un bol d'eau sur une grille sous la plaque de cuisson. Placez les rouleaux sur une plaque à pâtisserie dans le four préchauffé et faites cuire les rouleaux à 180 degrés pendant environ 20 à 25 minutes.
3. Les petits pains sont sucrés et je les apprécie avec juste du fromage à la crème ou du beurre.
4. Avec un poids de rouleau d'environ 90 grammes, la quantité de pâte donne 10 à 11 rouleaux.

17. Pain au poivre American

- Temps de travail environ **10** min
- Durée totale environ **10** min
- Portion : **2**

Ingrédients

- 400g farine (farine de blé)
- 200g farine (farine de seigle)
- 1 cuillère à café Sel
- 1 cuillère à soupe Vinaigre
- 450g Babeurre
- ½ cube Levure
- 25g Poivre - grains, vert

Préparation

1. Chauffer légèrement le babeurre et y dissoudre la levure. Mettez les ingrédients liquides dans la machine à boulanger avant les solides. Cuire au four à 180°C pendant 30 à 40 minutes.

18. Pain aux herbes

- Temps de travail environ **10** min
- Durée totale environ **10** min
- Portion : **1**

Ingrédients

- 220ml Eau
- 1 cuillère à soupe beurre
- 1 cuillère à café Sucre
- 1 cuillère à café Sel
- 90g Farine (farine de blé 1050)
- 210g farine (farine de blé entier)
- ½ cuillère à café levure (levure sèche)
- 2 cuillères à soupe Herbes
- 1 pincée acide ascorbique

Préparation

1. Mettre tous les ingrédients dans le BBA.
   - Programme : normal/
   - Bronzage français : moyen

19. Pain sucré aux pommes

⏱ *Temps de travail environ **15** min - Durée totale environ **15** min*
🍽 *Portion : **1***

Ingrédients

- 165g Sucre
- 80g Margarine (demi-grasse)
- 1 m.- large œufs
- 360g Farine
- 2 Cuillères à thé levure chimique
- 100ml du jus d'orange
- 70g raisins secs
- 30g noix, hachées
- 125g pommes, râpées
- 1 cuillère à café Orange, le zeste râpé
- Gras pour la forme

Préparation

1. Crémer ensemble le sucre et la margarine. Ajouter l'œuf et continuer à remuer. Ajouter la farine et la levure chimique. Incorporer le jus d'orange, les raisins secs, les noix, les pommes et le zeste d'orange. Mettez la pâte dans la machine à pain, mais sans le crochet pétrisseur, et mettez-la uniquement en cuisson, ou mettez la pâte dans un moule à pain graissé et faites cuire dans un four préchauffé à 180 degrés pendant environ 50 minutes.

20. Compote de prunes ou confiture de prunes du BBA

⏱ *Temps de travail environ **10** min - Temps de cuisson/cuisson environ **1** heure **5** minutes - Durée totale environ **1h15** minutes*
🍽 *Portion : **1***

Ingrédients

- 1 kg Prune, mûre
- quelque chose sucre ou édulcorant
- 1 Citron, son jus

Préparation

1. Videz les prunes, coupez-les en petits morceaux et ajoutez-les au BBA. Ajouter du sucre au goût et selon la douceur du fruit (je n'en mets que très peu). Pressez le citron et ajoutez le jus aux morceaux de prune.

2. Sélectionnez le programme confiture et remplissez les pots de confiture encore chauds une fois le programme terminé.

21. Purée de prunes sans sucre au BBA

⏱ *Temps de travail environ **5** min - Durée totale environ **5** min*
🍽 *Portion : **1***

Ingrédients

- 680g Prune, dénoyautée
- 1 pincée poudre de clou de girofle
- Quelque chose poudre de cannelle

Préparation

1. Mettez tous les ingrédients dans la machine à pain et activez le programme confiture. Verser dans des bocaux à vis pendant qu'ils sont chauds.

22. Pain mélangé juteux pour la machine à pain

- Temps de travail environ **10 min**
- Durée totale environ **10 minutes**
- Portion : **1**

Ingrédients

- 490ml eau, tiède
- 1 cuillère à café Sucre
- 1 pincée poivre
- 1 cuillère à café mélange d'épices à pain
- 1 cuillère à soupe Sel aux herbes Herbamare
- 300 grammes la farine de seigle
- 1 paquet Levain - Poudre (10 - 15 g)
- 100g Farine de seigle, grains entiers
- 100g Farine d'épeautre, grains entiers
- 100g farine de blé
- 25g Avoine - son ou gruau
- 1 paquet levure sèche
- 100g Céréales mélangées (par exemple, graines de tournesol, graines de lin, graines de sésame, graines de citrouille)

Préparation

1. Mettez tout dans la machine à pain dans le bon ordre, sauf le dernier ingrédient (le sel aux herbes a la meilleure composition et convient donc parfaitement).

Programme : pain complet (= env. 3 1/2 - 4 heures), taille : gros, brunissement : moyen

2. Après le bip, saupoudrez n'importe quel mélange de céréales (j'utilise généralement 1/4 des graines spécifiées, les graines de citrouille aiment aussi grossièrement haché) uniformément sur le dessus.

23. Pain complet juteux

- Temps de travail environ **5 min**
- Durée totale environ **5 minutes**
- Portion : **1**

Ingrédients

- 100g farine de blé (grain entier)
- 100g farine d'épeautre
- 120g Farine de seigle (grain entier)
- 180 ml Eau
- 1 cuillère à soupe Fanes de navet, en tas
- 1 poignée graines de tournesol
- 1 cuillère à soupe graine de lin
- 1 cuillère à café Sel
- 1 paquet levure sèche

Préparation

1. Versez l'eau, le sel et les feuilles de navet dans le récipient de la machine à pain. Il suffit ensuite d'ajouter les différentes farines, les graines de lin et de tournesol et enfin de saupoudrer le sachet de levure sèche.

2. Réglez le programme de base pour la cuisson du pain. C'est ça.

La pâte doit avoir une consistance molle mais ferme. En aucun cas la pâte ne doit paraître dure ou sèche lors du pétrissage. Vérifiez et, si nécessaire, réajustez avec un peu d'eau ou de farine.

24. Multigrain juteux - pain complet

- ⏱ *Temps de travail environ **5** min - Temps de repos environ **6** heures*
- ⏱ *Durée totale environ **6h5** minutes*
- 🍽 *Portion : **1***

Ingrédients

- 250ml lait
- 150g   farine de blé (grain entier)
- 150g   farine de seigle (grain entier)
- 1 cuillère à café, bombée miel ou sirop de betterave
- 1 cuillère à café huile d'olive ou huile de colza
- 1 cuillère à café, filtrée Sel
- 5g levure sèche ou 15 g de levure fraîche
- 80g Céréales (mélange de six céréales)

Préparation

1. Faire tremper les grains dans un peu d'eau au moins 6 heures avant la cuisson puis faire bouillir pendant 5 à 10 minutes.
2. Ajouter les ingrédients au BBA. N'ajoutez les grains tièdes bien égouttés que lorsque le bip retentit. Pas plus tôt, sinon ils seront broyés. Pas plus tard, sinon ils ne seront pas correctement mélangés, car la pâte est très dure.

- Programme : grains entiers. Poids du pain (niveau) : 700g (I). Brunissement : moyen.

25. Confiture de courgettes aux pommes

- ⏱ *Temps de travail environ **10** min - Temps de cuisson/cuisson environ **1h30***
- ⏱ *Durée totale environ **1h40** minutes*
- 🍽 *Portion : **1***

Ingrédients

- 2 courgettes
- 2 pommes
- 1 Citron (bio)
- 1 paquet sucre de conservation (2:1)

Préparation

1. Hachez 2 courgettes au robot culinaire et placez-les dans la machine à pain. Coupez ensuite 2 pommes sans cœur en petits morceaux et mettez-les également dans la machine à pain. Pressez le jus d'un citron bio et étalez dessus le sucre à confiture.
2. Réglez le programme «Confiture». Versez la confiture finie dans des bocaux à vis propres pendant qu'elle est encore chaude, fermez et retournez brièvement.

⇒ La confiture a un goût exotique et a une belle couleur. Il a meilleur goût sur un petit pain frais. Si vous le souhaitez, vous pouvez éventuellement ajouter un citron de plus.

26. Pain complet au babeurre

- Temps de travail environ **5** min- Temps de cuisson/cuisson environ **3** heures **30** minutes
- Durée totale environ **3h35** minutes
- Portion : **1**

Ingrédients

- 500ml Babeurre, tiède
- 450g farine d'épeautre complète ou farine de blé complet
- 200 g Farine d'épeautre type 630
- 4 cuillères à soupe Vinaigre, par exemple vinaigre de fruits
- 2 cuillères à café, filtrées Sucre
- 2 Cuillères à thé Sel
- 1 sac Levure sèche ou 1/2 cube de levure fraîche
- 1 cuillère à soupe Mélange d'épices à pain (coriandre, fenouil, anis, carvi) au goût également jusqu'à 2 cuillères à soupe
- 75g noyaux, mixtes, par ex. B. graines de tournesol, graines de lin, graines de citrouille, sésame

Préparation

1. Placer tous les ingrédients dans le moule les uns après les autres, sauf les graines. Au bip, ajouter les graines. Si vous le souhaitez, vous pouvez pulvériser la pâte avec un flacon pulvérisateur à la toute fin de la phase de levée et saupoudrer quelques graines dessus.

Paramètre :
- Programme : Normal
- Taille : 1200g
- Brunissage : Moyen

27. Pain au levain du BBA

- Temps de travail environ **10** min - Temps de cuisson/cuisson environ **3** heures **30** minutes
- Durée totale environ **3h40** minutes
- Portion : **1**

Ingrédients

- 400ml eau, tiède
- 1½ cuillère à soupe huile
- 1½ cuillère à café miel ou sirop d'agave
- 1 ½ paquet Levain à 75 g
- 2 Cuillères à thé mélange d'épices à pain
- 2 Cuillères à thé Sel
- ¾ paquet levure fraîche
- 330g farine de blé
- 270g farine de seigle complet

Préparation

1. Mettre tous les ingrédients dans la machine à pain un à la fois. Utilisez le programme de base pour la cuisson, moyen ou foncé pour dorer, selon votre préférence.

28. Pain au levain 3 céréales

- Temps de travail environ **30** min - Temps de repos environ 12 heures
- Durée totale environ **12h30** minutes
- Portion : **4**

Ingrédients

- 275g Farine (farine complète de seigle / pour le levain)
- 220ml eau / pour le levain
- 1 Pâte (entrée au levain)
- 300 grammes farine (farine de blé entier)
- 150ml lait
- 2 Cuillères à thé Sel
- 1 cuillère à soupe Sucre
- 20g levure fraîche
- 2 cuillères à soupe Sésame / pour le mélange 3 céréales
- 2 cuillères à soupe Flocons d'avoine / pour le mélange 3 grains
- 2 cuillères à soupe graines de pavot / pour le mélange 3 grains
- 2 cuillères à soupe épeautre / pour le mélange 3 grains

Préparation

1. S'il reste du levain de la dernière fois, utilisez-le.

2. Mélangez les ingrédients pour le levain dans un bol, couvrez et réservez dans un endroit chaud pendant 12 à 24 heures.

3. Retirez ensuite 2 cuillères à soupe de levain levain et gardez-le pour le prochain levain. Verser le levain dans la machine à pain. Versez les autres ingrédients dans la machine à pain à l'exception du mélange 3 grains. Ensuite, réglez et démarrez l'élément de menu Pain aux grains. Au bout de 20 minutes, lorsque vous entendez un bip, ajoutez le mélange 3 grains et continuez à pétrir pendant une demi-heure. Arrêtez ensuite la machine avec le bouton d'arrêt et redémarrez-la. Étant donné que le pain de seigle doit être pétri plus longtemps, une étape de marche et de pétrissage a été jointe ici.

29. Pain - Epeautre sésame

- *Temps de travail environ **10** min*
- *Durée totale environ **10** minutes*
- *Portion : **1***

Ingrédients

- 300ml Babeurre
- 500g Farine d'épeautre, grains entiers
- 100g sésame
- 1 pomme, râpée
- quelque chose huile
- quelque chose Sel
- quelque chose Sucre
- 1 sac levure sèche

Préparation

1. Mettez tous les ingrédients dans la machine à pain dans l'ordre indiqué ici et démarrez le programme "normal".

30. Pain d'épeautre complet

- *Temps de travail environ **10** min*
- *Temps de cuisson/cuisson environ **2** heures **55** minutes - Durée totale environ **3h5** minutes - Portion : **1***

Ingrédients

- 300 grammes farine d'épeautre (grain entier)
- 200 g Farine d'épeautre, type 630
- 3 cuillères à café Herbes, italiennes, séchées
- 1 paquet Levain, 75 g
- 2 Cuillères à thé Sel
- ½ paquet levure sèche
- 300ml Eau

Préparation

1. Placez tous les ingrédients dans le BBA dans cet ordre et sélectionnez un programme de grains entiers. Avec machin a pain, cela prend presque 3 heures. Les herbes le rendent délicieux et il reste juteux pendant quelques jours.

31. Pain d'épeautre aux raisins secs pour la machine à boulanger

*Temps de travail environ **15** min - Durée totale environ **15** min - Portion : **1***

Ingrédients

- 200ml lait
- 1 œuf
- 80g beurre
- 75g Sucre
- 1 cuillère à café Sel
- 400g Farine d'épeautre type 630
- 25g amandes
- 25g flocons de millet
- ½ paquet Levure fraîche, alternativement 1 cuillère à café de levure sèche
- 60g raisins secs
- 40g noix

Préparation

1. Faites fondre le beurre dans le lait à basse température et mettez le lait avec l'œuf dans le four.
2. Râpez les amandes (ou utilisez des amandes déjà râpées) et faites-les griller brièvement avec les flocons de millet dans une petite poêle.
3. Mettez la farine d'épeautre, le sucre, le sel, les amandes et les flocons de millet dans le four et émiettez la levure dessus. Allumez la machine à pain et après le premier pétrissage (bip), ajoutez les raisins secs et les noix qui ont été écrasées dans un mortier.
4. Pétrir et cuire selon le programme.

32. Pain complet de la machine à pain

*Temps de travail environ **20** min*

*Temps de cuisson/cuisson environ **3h6** min - Durée totale environ **3h26** minutes*

*Portion : **1***

Ingrédients

- 220ml Eau
- 1½ cuillère à café Sel
- 2 cuillères à soupe feuilles de betterave
- 100g farine d'épeautre
- 110g farine de seigle complet
- 110g farine de blé entier
- 1 paquet levure sèche
- 2 poignées Grains, mélangés (mélange de 7 grains)
- 1 cuillère à café, filtrée mélange d'épices à pain

Préparation

1. Pour préparer : Faire bouillir le mélange de 7 grains selon les instructions et laisser reposer pendant environ 1 heure, puis le verser à l'aide d'un tamis.
2. Placer le reste des ingrédients dans la machine à pain selon les instructions du fabricant.

⇒ Programme : normal - bronzage : foncé - poids : 500 g. Après environ 3 minutes de pétrissage, ajouter les grains gonflés.

33. Pain complet carotte épeautre au miel

- ⓢ *Temps de travail environ **10** min*
- ⓢ *Temps de cuisson/cuisson environ **3** heures - Durée totale environ **3h10** minutes*
- 🍽 *Portion : **1***

Ingrédients

- 290ml eau (température ambiante)
- 1½ cuillère à soupe l'huile de colza
- 1 cuillère à soupe Chéri
- 150g Farine d'épeautre type 630
- 350g farine d'épeautre complète
- 10g Sel
- 1 sac levure sèche
- 80g Carottes, râpées

Saupoudrer :
- 80g graines de tournesol ou flocons d'avoine

Préparation

1. Mettre tous les ingrédients liquides dans le moule de la machine à pain. Dans un bol séparé, mélanger les ingrédients secs. Passez-les ensuite dans la machine à pain avec les carottes râpées.
2. Selon la machine à pain, choisissez un programme (non complet) avec un temps de cuisson long. Si vous en avez envie, retirez le crochet pétrisseur avec une main farineuse avant la cuisson.
3. Si vous le souhaitez, saupoudrez de flocons d'avoine ou de graines de tournesol sur le dessus du pain avant la cuisson.

34. Pain d'épeautre au seigle et au quark

- ⓢ *Temps de travail environ **10** min*
- ⓢ *Temps de cuisson/cuisson environ **10** minutes*
- 🍽 *Portion : **6***

Ingrédients

- 150g farine d'épeautre
- 150g la farine de seigle
- 110g Noyaux (graines de tournesol ou de citrouille) ou mélange
- 250g Quark
- 150ml eau, tiède
- ½ cube Levure
- ½ cuillère à soupe huile d'olive
- ½ cuillère à soupe vinaigre balsamique
- ½ cuillère à café Sel
- ½ cuillère à café sucre ou miel

Préparation

1. Dissoudre la levure et le sucre ou le miel dans de l'eau tiède, ajouter l'huile d'olive, le vinaigre balsamique et le sel et bien mélanger avec un fouet. Verser ce mélange liquide dans le moule à pain. Ajoutez la farine, le fromage blanc et les céréales et lancez le programme 1 (de base) et le brunissement profond.

⇒ Si vous l'aimez un peu plus copieux, vous pouvez ajouter des herbes séchées ou des épices.

35. Mon pain d'épeautre complet préféré avec des graines pour la machine à pain

- ⏱ *Temps de travail environ **15** min - Temps de cuisson/cuisson environ **4** heures **30** minutes*
- ⏱ *Durée totale environ **4** heures **45** minutes*
- 🍽 Portion **: 1**

Ingrédients

- 500g   farine d'épeautre complète
- 150g   Noyaux (tournesol, graines de citrouille, graines de lin, chia, sésame)
- 1 cuillère à café Sel
- Paquet de 2 levures sèche
- 500ml Eau
- 4 cuillères à soupe vinaigre de fruits
- mélange d'épices à pain
- poudre de curcuma

Préparation

1. Mélanger la farine avec les grains et verser dans le moule. Étalez ensuite le sel, les épices à pain et le curcuma autour de l'extérieur. Mettre la levure sèche dans un petit puits au milieu. Ajoutez ensuite l'eau et le vinaigre.
2. Placez le moule à pain dans le BBA, réglez le poids et la coloration. Je l'ai réglé sur foncé, avec moyen le pain est trop clair pour moi,
3. puis sélectionnez un programme pour pain d'épeautre. Pour moi c'était un temps de cuisson de 4h30.

36. Pain complet à l'avoine et à l'épeautre de la BBA

- ⏱ *Temps de travail environ **10** min - Temps de cuisson/cuisson environ **3** heures **30** minutes*
- ⏱ *Durée totale environ **3** heures **40** minutes*
- 🍽 Portion **: 1**

Ingrédients

- 400ml Eau
- 200g   Farine d'épeautre type 1050
- 175g farine d'épeautre complète
- 1 paquet Levure sèche ou 0,5 cubes de levure fraîche
- 1½ cuillère à café sel assaisonné
- 2 Cuillères à thé cumin entier
- 150g gruau
- 100g graines de tournesol
- par exemple. Mélange d'épices pour pain (fenouil, coriandre, anis, carvi)

Préparation

1. Remplissez d'abord l'eau, puis la farine et la levure, puis tous les autres ingrédients dans le BBA. Si nécessaire, laisser lever préalablement la levure fraîche dans de l'eau tiède, retirer l'eau des 400 ml.
2. Le pain avec programme : Cuire programme normal ou complet, environ 3 heures 30 minutes.
3. Des épices à pain (fenouil, coriandre, anis, carvi) peuvent également être ajoutées au goût.

37. Pain d'épeautre complet au sarrasin et aux graines

*Temps de travail environ **15** min - Temps de cuisson/cuisson environ **3h 30** minutes - Durée totale environ **3** heures **45** minutes*

Portion : **1**

Ingrédients

- 300 grammes farine d'épeautre complète
- 100g Farine de sarrasin
- 2 Cuillères à thé sel gemme
- 50 grammes sésame
- 50 grammes graine de lin
- 50 grammes graines de tournesol
- 350g eau, tiède
- 1 Pomme de terre(s), 100 g
- 2 Cuillères à thé vinaigre de fruits
- 1 sac levure sèche

Préparation

1. Sortez le plat de cuisson de la machine et insérez le crochet pétrisseur. Si le crochet pétrisseur reste dans le pain, huilez-le avant de l'insérer.
2. Dans mon BBA, les ingrédients secs passent en premier : mélangez la farine, le sel et les graines dans le moule.
3. Épluchez la pomme de terre et râpez-la finement. Verser dans le moule avec l'eau et le vinaigre.
4. Placez le moule dans la machine, fermez le couvercle et versez la levure dans le compartiment de distribution de levure.
5. Sélectionnez maintenant un programme avec un temps de cuisson de 60 minutes, au moins 55 minutes. Pour moi, c'était le programme de seigle avec une durée totale de 3 heures et 30 minutes.
6. À la fin du programme, démoulez le pain et laissez-le refroidir sur une grille.
7. Dans le BBA conventionnel, on verse d'abord l'eau, le vinaigre et les pommes de terre, puis le sel, puis le mélange farine-graines et enfin la levure sèche.

38. Pain d'épeautre à la farine de sarrasin pour le BBA

*Temps de travail environ **5** min - Temps de cuisson/cuisson environ **3h25** minutes - Durée totale environ **3** heures **30** minutes*

Portion : **1**

Ingrédients

- 400ml eau, tiède
- 2 cuillères à soupe Vinaigre de cidre de pomme
- 2 Cuillères à thé Sel
- 400g Farine d'épeautre type 630
- 100g farine d'épeautre complète
- 100g Farine de sarrasin
- 2 cuillères à soupe Mélange d'épices à pain, facultatif
- 1 paquet levure sèche

Préparation

1. Mettez tous les ingrédients dans le moule de la machine à pain dans l'ordre où ils se trouvent. La quantité d'épices à pain peut être ajustée au goût.
2. Placez le plat de cuisson dans le BBA et sélectionnez le programme normal.
   - Poids 1000 g -
   - **Brunissement :** moyen

39. Pain d'épeautre complet au sirop

- Temps de travail environ **10** min - Temps de cuisson/cuisson environ **4** heures
- Durée totale environ **4** heures **10** minutes
- Portion : **1**

Ingrédients

- 180 ml Eau
- 1 cuillère à soupe beurre
- 1 cuillère à soupe Sirop (par exemple, betterave à sucre ou sirop léger)
- 250 g farine d'épeautre complète
- 50 grammes Céréales mélangées (par exemple, graines de citrouille, graines de tournesol, pignons de pin, sésame, graines de lin)
- 4g levure sèche
- ½ cuillère à soupe Sel

Préparation

1. Mettre l'eau, le beurre et le sirop dans la machine à pain. Mélangez la farine, le mélange de céréales, la levure sèche et le sel et placez-les également dans la machine à pain. Si vous le souhaitez, vous pouvez mélanger d'autres ingrédients, tels que des tomates séchées, des épices ou des piments.
2. Fermez ensuite l'Automate et démarrez le programme complet. Avec ma machine, le programme grains entiers dure quatre heures, je choisis toujours un niveau de brunissage foncé.

⇒ La recette donne un petit pain d'environ 15 cm de haut.

40. Pain d'épeautre aux flocons d'avoine

- Temps de travail environ **5** min
- Durée totale environ **5** min
- Portion : **1**

Ingrédients

- 400g farine d'épeautre légère
- 150g la farine de seigle
- 1½ cuillère à café levure sèche
- 60g Levain en poudre
- 1 cuillère à café Sel
- 60g Flocons d'avoine, moelleux
- 380ml eau, tiède

Préparation

1. Mettre tous les ingrédients dans la machine à pain avec 380 ml d'eau tiède et cuire sur le programme standard (3 heures).

41. Pain d'épeautre au babeurre pour la machine à pain

- Temps de travail environ **10** min - Temps de cuisson/cuisson environ **3** heures
- Durée totale environ **3h10** min
- Portion : **1**

Ingrédients

- 1½ cuillère à soupe beurre
- 1 cuillère à café Sel
- 2 cuillères à soupe sucre de canne
- 540g farine d'épeautre complète
- 1 paquet levure sèche

Préparation

1. J'utilise toujours ma propre farine d'épeautre complète moulue.
2. Je fais cuire le pain d'épeautre au babeurre dans le programme "Normal" pendant 3 heures, réglage de brunissement "Foncé".
3. Il est également idéal pour la cuisson dans une machine à pain avec une minuterie.

42. Pain d'épeautre vert

- Temps de travail environ **10** min
- Durée totale environ **10** min
- Portion : **1**

Ingrédients

- 220ml Eau
- 1 cuillère à soupe beurre
- 1 cuillère à soupe Sucre
- 1 cuillère à café Sel
- 90g Farine (farine de blé type 550)
- 180g farine (farine de blé entier)
- 1 pincée acide ascorbique
- ½ cuillère à café levure (levure sèche)
- 30g épeautre vert concassé

Préparation

⇒ Mettre tous les ingrédients dans la machine à pain.
- Programme : normal
- Dorage : moyen

43. Pain - Fromage de brebis

- Temps de travail environ **15** min - Temps de repos environ **2** heures
- Durée totale environ **2h15** minutes
- Portion : **1**

Ingrédients

- 275ml Eau
- 75ml huile d'olive
- 1 cuillère à café Sel
- 250g farine (blé complet)
- 200g Farine (blé, type 550)
- 1 paquet levure (levure sèche)
- 1 cuillère à café Sucre
- 170g Fromage feta, finement coupé en dés

Préparation

1. Ajoutez d'abord l'eau, l'huile d'olive et le sel dans la machine à pain, puis la farine de blé entier et la farine de blé, la levure, le sucre et la feta (feta). Programme "normal", taille du pain d'environ 1000 g, dorage "moyen".

⇒ Vous pouvez également utiliser de la mozzarella à la place du fromage de brebis.

44. Courgettes - herbes - pain pour machines à boulanger

- Temps de travail environ **10** min
- Durée totale environ **10** min
- Portion : **1**

Ingrédients

- 200ml Eau
- 1 cuillère à soupe Chéri
- ½ cuillère à soupe huile
- 1 cuillère à café Sel
- 1 m.- large Courgettes, finement râpées
- 150g Farine (farine complète, type 550)
- 360g Farine (Type 405)
- ½ cuillère à café Basilic, séché ou 1 cuillère à café frais
- 1 cuillère à soupe sésame
- 2 Cuillères à thé levure (levure sèche)

Préparation

1. Placer les ingrédients dans l'ordre dans la machine à pain. Sélectionnez les programmes de brunissage Normal et Moyen. Ajouter plus de liquide et/ou de farine si nécessaire. La pâte ne doit plus être collante.

- Donne 1 kg de pain.

45. Pain aux oignons français

- ⏱ *Temps de travail environ **10** min*
- ⏱ *Durée totale environ **10** minutes*
- 🍽 *Portion : **1***

Ingrédients

- 280g farine (blé complet)
- 120g farine (farine de seigle)
- 270ml Eau
- 1 cuillère à café Sel
- 1 cuillère à soupe huile
- 6 cuillères à soupe Oignon, rôti (plus si nécessaire)
- ½ paquet levure (levure sèche)

préparation

1. Placez les ingrédients dans la machine à pain en veillant toujours à mettre les ingrédients liquides en premier.

Entrez le réglage comme suit :

1000 g (taille moyenne), brunissement léger, pâte normale pour pain blanc.

46. Pain aux oignons au babeurre de la machine à pain

- ⏱ *Temps de travail environ **10** min -Temps de cuisson/cuisson environ **3h50 min***
- ⏱ *Durée totale environ **4h***
- 🍽 *Portion : **1***

Ingrédients

- 350g Farine de Blé Type 550
- 150g Farine de seigle type 1150
- 140ml Eau
- 200ml Babeurre
- 1 cuillère à café Sel
- 1 cuillère à soupe huile d'olive
- 50 grammes oignons rôtis
- 4 Tomates, séchées dans l'huile
- 1 paquet levure sèche

Préparation

1. Versez d'abord les liquides dans le moule, puis placez le reste des ingrédients par-dessus. Essuyez les tomates et coupez-les en petits morceaux. Réchauffez le babeurre (s'il est sorti du réfrigérateur) ou utilisez de l'eau plus chaude. La quantité d'oignons frits n'est qu'une spécification facultative et doit être comprise entre 50 et 100 g selon vos propres idées.

2. Utilisez un programme pain blanc pour des pains d'un poids de pain de 750 g pour le processus de cuisson. Les temps de levée sont généralement plus longs qu'avec les pains standards.

47. **Pain aux oignons frits pour la machine à pain**

- *Temps de travail environ 5 min*
- *Durée totale environ 5 minutes*
- Portion : 1

Ingrédients

- 500g   Farine de blé, type 550
- 10g Sel
- 15g huile
- 320ml Eau
- 1 cuillère à café levure sèche
- 100g oignons rôtis

Préparation

1. Pesez les ingrédients au gramme près puis ajoutez l'eau, l'huile, le sel, la farine et la levure sèche dans la machine à pain dans l'ordre de fabrication. Sélectionnez le programme "Normal" et laissez la machine fonctionner. Au signal sonore, ajoutez simplement les oignons frits.
2. Cela fait un pain de 750 g et c'est très savoureux.

48. **Pain aux oignons**

- *Temps de travail environ 5 min*
- *Durée totale environ 5 minutes*
- Portion : 3

Ingrédients

- 240ml Eau
- ½ sac Levain, liquide
- ½ cuillère à café Sucre
- 1½ cuillère à café Sel
- ¼ cuillère à café poivre
- par exemple. coriandre
- par exemple. cardamome
- 250g   Farine de seigle, type 815
- 125g   Farine de blé, type 550 ou 405
- 40g   Oignon (oignons rôtis, séchés du supermarché)
- ¾ paquet levure sèche

Préparation

1. Versez simplement tous les ingrédients dans le moule à pain dans l'ordre indiqué ci-dessus.
   - Programme normal, 750 g.
   - ⇒ Les ingrédients sont entrés pour un pain de 750g. Si vous voulez une portion de 1000, convertissez simplement les ingrédients en 4 portions, ou 5 portions pour une portion de 1250.

49. Pain aux flocons d'avoine pour la machine à pain

- *Temps de travail environ **20** min - Temps de repos environ **3** heures*
- *Durée totale environ **3 h 20** minutes*
- Portion : **1**

Ingrédients

- 250ml eau bouillante
- 100g Flocons d'avoine, doux
- 100ml Eau
- 1 cuillère à soupe Vinaigre
- 1 cuillère à soupe Chéri
- 370g Farine de blé, type 550
- 30g Farine de seigle, type 1150
- 1 cuillère à café Sel
- 7g Levure sèche (généralement égale à un sachet)

Préparation

1. Verser l'eau bouillante sur les flocons d'avoine et laisser reposer 20 minutes.
2. Ajoutez ensuite l'eau, le vinaigre et le miel dans le plat de cuisson. Ajouter ensuite les flocons d'avoine trempés, la farine, le sel et la levure sèche. Placez le moule à pain dans la machine à pain et sélectionnez le programme "normal" (temps de préparation environ 3 heures).

50. Pain pour machines à pain

- *Temps de travail environ **10** min*
- *Durée totale environ **10** min*
- Portion : **1**

Ingrédients

- 300ml eau chaude
- 2 cuillères à soupe huile
- 1 cuillère à soupe Chéri
- 1 cuillère à café Sel
- 300 grammes Farine (farine complète, type 550)
- Farine (farine de riz, farine d'épeautre, farine de sarrasin, farine de seigle, farine d'avoine, 40 g chacune)
- 30g semoule de maïs
- 40g Blé - Kléber HT
- 2 Cuillères à thé levure (levure sèche)
- 50 grammes farine (farine de seigle)

Préparation

1. Mettre tous les ingrédients dans l'ordre dans la machine à pain. Sélectionnez le programme complet et brun moyen. Ajouter plus ou moins de farine et/ou d'eau si nécessaire.

⇒ Donne 1 kg de pain.

51. Tournesol - épeautre - pain

 *Temps de travail environ **10** min - Durée totale environ **10** min - Portion : **1***

Ingrédients

- 380ml Babeurre, température ambiante
- 60ml huile, neutre
- 1 cuillère à soupe Sel
- 540g farine (épeautre)
- 1 cuillère à soupe Sucre
- 1 paquet levure (levure sèche)
- par exemple. graines de tournesol

Préparation

1. Mettez les ingrédients dans l'ordre indiqué dans la machine à pain, ajoutez les graines de tournesol au bip, vous pouvez également parsemer les graines de tournesol après le dernier pétrissage.

Programme : normal (environ. 3 heures) - **Taille du pain** : moyen - **Brunissage** : léger (moyen également possible)

52. Pain de campagne pour la machine à boulanger

 *Temps de travail environ **15** min - Durée totale environ 15 min - Portion : **1***

Ingrédients

- 450ml Eau
- 1 tassefarine (farine de blé)
- 1 tassefarine (farine de seigle)
- Sel, 1 grande cuillère
- Naturellement aigre - pâte, liquide, du magasin d'aliments naturels, 1 grande cuillère à mesurer
- Sucre, 1 petite cuillère
- Levure (levure sèche), petite cuillère doseuse
- 2 cuillères à soupe huile d'olive
- 1 pincée Carvi moulu
- 2 cuillères à soupe Graines de tournesol au goût

Préparation

tasse correspond à 300 ml de contenu - farine environ 210 g

1. Mettez d'abord l'eau dans la machine, puis la farine, le levain et la levure sèche. Enfin les épices. Juste avant la cuisson, ajoutez les graines de tournesol et saupoudrez d'un peu de farine si vous le souhaitez.

53. Pain de campagne pour la machine à pain

- *Temps de travail environ **5** min - Temps de cuisson/cuisson environ **3** heures*
- *Durée totale environ **3 h 5** minutes - Portion : **1***

Ingrédients

- 280ml lait, tiède
- 2 œufs
- 1½ cuillère à soupe beurre
- 1½ cuillère à café Sel
- 1 cuillère à soupe Sucre
- 500g Farine d'épeautre type 1050
- 1 sac levure sèche

Préparation

1. Mettre tous les ingrédients dans le moule l'un après l'autre en fouettant préalablement les œufs dans le lait jusqu'à consistance lisse.

Réglage : Normal - **Brunissage** : Léger - **Poids** : 750 g

- Si vous le souhaitez, vous pouvez asperger le pain d'eau juste avant la cuisson et le couper en travers.
- Le pain est facile à congeler et à griller en tranches.
- Au lieu de la farine d'épeautre, vous pouvez également utiliser de la farine de blé 1050.

54. Pain 100% grains entiers

- *Temps de travail environ **5** min - Temps de cuisson/cuisson environ **3** heures **40** minutes*
- *Durée totale environ **3h45** min*
- Portion : **1**

Ingrédients

- 350ml eau gazéifiée
- 1 cuillère à café sel fumé
- 1 cuillère à café Chéri
- 540g farine de blé (grain entier)
- 1 paquet levure sèche

Préparation

1. Mettez les ingrédients dans l'ordre dans le moule à pain de la machine à pain. Placez le moule dans la machine à pain, cliquez dessus et allumez.

Programme :

- Niveau de grains entiers (si disponible) : 1

55. Pain dominical sucré aux grains entiers de Vera, aux noix et aux raisins secs

- Temps de travail environ **20** min
- Durée totale environ **20** min
- Portion : **1**

Ingrédients

- 250 g Épeautre fraîchement moulu
- 250 g Blé, fraîchement moulu
- 1 tasse Yaourt, au moins 3,5%
- 250ml lait
- 100g miel ou sucre
- ½ cube Levure
- 1 œuf
- 100g beurre
- 1 cuillère à café Sel
- 100g noix, hachées grossièrement
- 100g Raisins secs ou raisins secs
- Calvados

Préparation

1. Pour que j'aie le gâteau frais le dimanche matin, je programme le BBA et fais les préparations la veille.
2. Faire fondre le beurre dans le mélange lait-yaourt tiède, mettre dans le moule, ajouter environ 1 cuillerée de miel ou de sucre et y dissoudre la levure. Couvrir et laisser lever cette masse environ 1/4 - 1/2 heure. Ajoutez ensuite le grain finement moulu entre-temps, le miel ou le sucre restant, le sel, l'œuf, les noix et les raisins secs. Pré-programmer le BBA dans le programme normal.

Le lendemain matin, le pain sucré sent dès qu'on se lève !

Important :

- Le lait et le yaourt doivent totaliser environ 1/2 l.
- Vous pouvez également mélanger le miel et le sucre et varier la quantité selon vos goûts personnels.
- Les noix peuvent être remplacées par des amandes ou d'autres noix.
- Les raisins secs doivent être trempés dans du Calvados au moins une semaine avant.
- Si vous n'aimez pas l'alcool, vous pouvez mariner les raisins secs dans du jus de pomme. Si vous n'aimez pas trop les raisins secs, prenez-en moins ou pas du tout, j'imagine bien une pomme hachée à la place.

56. Pain paysan grec

*Temps de travail environ **5** min - Durée totale environ **5** minutes*

Portion : *1*

Ingrédients

- 1 cuillère à café levure sèche
- 400g Farine de blé, type 405
- 1 cuillère à café Sel
- ½ cuillère à café Sucre
- 20ml huile d'olive
- 250 g Yaourt (3,5% de matières grasses)

Préparation

- Mettre tous les ingrédients dans le récipient dans l'ordre. **Programme** : normal ; **brunissement** : moyen ; **Taille** : Régulière.

57. Pain plat turc

*Temps de travail environ **15** min - Temps de cuisson/cuisson environ **10** minutes - Durée totale environ **25** minutes*

Portion : *1*

Ingrédients

- 500g Farine (farine de blé type 405)
- 1 cube Levure
- 150ml Lait, éventuellement jusqu'à 200 ml
- 1 tasse Eau
- 1 œuf
- 1 cuillère à café Sel
- 1 cuillère à café Sucre
- 50 grammes margarine

Préparation

1. Il suffit de tout mettre dans la machine à pain et de laisser pétrir. Ajouter progressivement le lait. Étalez ensuite la pâte en fonction de l'épaisseur souhaitée du pain. Cuire des feuilles de pâte très fines au four pendant 10 minutes à 220 degrés.

58. Pain graham

*Temps de travail environ **10** min - Durée totale environ **10** minutes*

Portion : *1*

Ingrédients

- 350ml Eau, environ 20° - 30°C
- 30g Pâte (substitut de levain)
- 1 paquet levure (levure sèche)
- 10g Chéri
- 1 cuillère à café sel, en tas
- 500g Farine de blé, fine

Préparation

1. Mettez les ingrédients dans le récipient à pâte dans cet ordre exact.
2. La machine à pain est alors réglée sur le menu 'Basic' ou "Grains entiers". Sélectionnez « large » pour la taille du pain et « rapide » pour le brunissement.
3. Lancez ensuite le programme de cuisson.

59. Le pain fitness pour la machine à pain

- Temps de travail environ **20** min - Temps de cuisson/cuisson environ **2 heures 35** min
- Durée totale environ **2 h 55** minutes
- Portion : **1**

Ingrédients

- 500ml Babeurre, tiède
- 400g Farine d'épeautre, type 630
- 250 g farine d'épeautre complète
- 1 sac/s levure sèche
- 2 Cuillères à thé mélange d'épices à pain
- 2 Cuillères à thé Sel
- 1 cuillère à soupe sirop de betterave
- 1 m.- large Carotte(s), râpée(s) grossièrement, environ 150 g
- 100g noix

Préparation

1. Placer les ingrédients, sauf les noix et la carotte, dans la machine à pain dans l'ordre. Réglez la machine sur normal ou complet rapide, large et le degré de brunissement sur moyen.

2. Après le bip, ajoutez les noix et les carottes râpées. Si vous le souhaitez, vous pouvez concasser les noix.

⇒ Le processus de cuisson dure environ 2,5 heures et donne un pain d'environ 1400 g.

60. Pain de blé complet de la machine à pain

- Temps de travail environ **5** min
- Durée totale environ **5** minutes
- Portion : **1**

Ingrédients

- 330g Eau
- 25g beurre, mou
- 12g Sel
- 12g Sucre
- 250g Farine de blé, type 1050
- 250g farine de blé (grain entier)
- 4g levure sèche
- 10g mélange d'épices à pain

Préparation

1. Mesurez l'eau et versez-la dans le plat de cuisson de la machine à pain. Pesez les autres ingrédients et ajoutez-les dans l'ordre indiqué. Sélectionnez et lancez le programme grains entiers de la machine à pain.

⇒ J'ai choisi le programme "Rapide et grains entiers", qui dure environ deux heures et demie.

61. Pain mixte seigle-levain, cuit à la machine à pain

- Temps de travail environ **5** min
- Durée totale environ **5** minutes
- Portion : **1**

Ingrédient

- 40g Levure
- 200 g Farine de seigle, grains entiers
- 200ml Eau

Pour la pâte :

- 200 g Farine de seigle (Type 1150)
- 200 g Farine de Blé (Type 550)
- 400g levain
- 13g Sel
- 1 cuillère à café Malt de boulangerie, liquide, peut être omise.
- 225ml Eau
- 1 paquet levure sèche
- 100g Graines mélangées (graines de tournesol, graines de lin, graines de sésame, graines de citrouille)

Préparation

1. Un jour avant la cuisson, mélanger le levain dans un grand bol avec 40 g de levain, 200 g de farine de seigle complet et 200 ml d'eau. Couvrir et garder au chaud environ 14 à 16 heures. Si vous n'avez pas d'endroit approprié, vous pouvez le mettre au four et simplement allumer la lampe du four. La température ne doit pas dépasser 40°C.

2. Il faut d'abord mettre les ingrédients secs dans ma machine à pain, puis le levain (attention, prélevez au préalable 40 g de levain et gardez-le pour la prochaine fois !), le malt de cuisson et l'eau.

3. La levure sèche et les graines vont dans les dispositifs appropriés pour un dosage automatique. Je prends environ 40 g de graines de tournesol et 20 g de chacune des autres variétés. Mais cela peut être géré individuellement.

4. Pour vos appareils, notez les informations du fabricant, l'ordre dans lequel les ingrédients doivent être remplis, sélectionnez le programme pour pain complet et réglez la taille du pain pour un pain d'environ 1100 g, vous devez ensuite essayer comment il convient le mieux ou ce que le BBA respectif offre.

5. Veuillez également vérifier si le plat de cuisson est adapté au levain, sinon le revêtement pourrait être endommagé. Le pain est absolument délicieux et moelleux, a une mie fine et reste frais longtemps.

62. Petits pains moelleux croustillants et aérés

*Temps de travail environ **20** min - Temps de repos environ 30 minutes*
*Temps de cuisson /cuisson environ **20** Durée totale environ **1h10***
Portion : **1**

Ingrédients

- 620g Farine d'épeautre (Type 630)
- 180 ml eau (chaude
- 220ml lait, chaud
- 100g quark allégé
- 3 cuillères à soupe Poudre de purée de pommes de terre
- 10g Sel
- 1 cuillère à soupe Sirop (Sirop d'Agave)
- 1 paquet levure sèche
- par exemple. lait pour badigeonner

Préparation

1. J'utilise toujours la machine à pain pour pétrir. Versez de l'eau tiède et du lait chaud dans le récipient. Ajouter la purée de pommes de terre, le fromage cottage, le sel et le sirop d'agave. Ajouter la farine et enfin la levure sèche.

2. Pétrir la pâte puis la laisser lever. Environ 30 minutes suffisent. Sortez la pâte du récipient, retravaillez-la légèrement à la main puis formez de beaux boudins à partir de pâtons d'environ 115 g.

3. Pendant ce temps, préchauffez le four à la température la plus élevée avec convection. Placer les petits pains sur une plaque à pâtisserie et glisser dans le four sur la grille du milieu. Réglez la chaleur à 200°C (circulation d'air) et faites cuire les rouleaux pendant environ 20 à 25 minutes. J'y ajoute toujours une tasse pleine d'eau chaude pour qu'il y ait suffisamment d'humidité. Badigeonnez les rouleaux de lait 3 à 4 fois entre les deux.

4. Je n'ai pas fait cuire tous les petits pains le même jour, mais je les ai préformés et conservés dans un récipient en plastique avec de la farine au réfrigérateur pour le lendemain. Il ne vous reste plus qu'à les déposer sur la plaque de cuisson et à les enfourner. Fonctionne très bien.

63. Petits pains multigrains

- Temps de travail environ **20** min - Temps de repos environ **1h30** min
- Temps de cuisson /cuisson environ **25** Durée totale environ **2h15** min
- Portion : **1**

Ingrédients

- 350ml Eau
- 1½ cuillère à café Sel
- ½ cuillère à soupe café de malt
- 50 grammes Levain en poudre
- 170g Farine de seigle, type 1150
- 270g Farine d'épeautre, type 630
- 150g Céréales, mélange de 5 céréales broyées
- 1 paquet levure sèche
- par exemple. Graines de lin, sésame, graines de tournesol, pavot

Préparation

1. Versez l'eau dans le récipient à pain et ajoutez tous les ingrédients jusqu'à la levure dans l'ordre indiqué. Démarrer le programme de pâte.
2. Retirer ensuite la pâte, former des boudins et les déposer sur une plaque recouverte de papier cuisson, couper dans le sens de la longueur à l'aide d'un couteau bien aiguisé.
3. Couvrir d'un torchon et laisser lever 15 minutes. Ensuite, badigeonnez le dessus d'eau et pressez légèrement dans les graines de lin, sésame, etc. comme vous le souhaitez.
4. Cuire dans un four préchauffé à 180 degrés pendant environ 25 minutes.

- J'ai également mis un bol plat d'eau sur le rail le plus bas. Pour moi ça fait 9-10 rouleaux.

64. Graine de pavot - pain aux graines de tournesol

- Temps de travail environ **5** min - Temps de repos environ **3** heures
- Durée totale environ **3h5** min
- Portion : **1**

Ingrédients

- 300ml eau, tiède
- 2 cuillères à soupe Huile d'olive, vierge
- 250 g farine (farine blanche)
- 250 g Farine (complète ou farine d'épeautre complète)
- 3 cuillères à soupe coquelicot, entier
- 3 cuillères à soupe graines de tournesol
- 1 cuillère à café Sel
- 1 paquet Levure sèche ou 1/2 sachet de levure fraîche

Préparation

1. Versez les ingrédients dans la machine les uns après les autres et enfournez.

Un pain aromatique et sain qui est devenu le préféré de notre famille. J'ai même dû le faire cuire pour des amis, puisque cette combinaison n'est pas disponible dans les boulangeries (du moins jusqu'à présent...)

65. Juments aux raisins pour la machine à pain

Temps de travail environ 5 min - Durée totale environ 5 min
Portion : 10

Ingrédients

- 200ml lait
- 1 œuf
- 80g beurre fondu
- 75g Sucre
- 1 cuillère à café Sel
- 450g Farine (farine de blé 405)
- 1 cuillère à café levure (levure sèche)
- 100g raisins secs

Préparation

⇒ Tout sauf les raisins secs dans la machine, programme normal, dorage léger, ajouter les raisins secs au signal sonore.

66. Raisins secs - juments aux amandes

Temps de travail environ 5 min - Durée totale environ 5 min - Portion : 1

Ingrédients

- Farine de blé
- 100g amandes
- 150g raisins secs
- 50 grammes Sucre
- 1 cuillère à café, filtrée Sel
- 1 paquet levure sèche
- 150ml Eau
- 150ml lait

Préparation

Ajouter la farine de blé, le sucre, le sel, la levure sèche et le liquide au BBA et cuire sur le programme Pain sucré. Lorsque vous entendez le premier bip du programme, ajoutez les amandes et les raisins secs.

67. Pâte à pizza pour machine à pain 1

Temps de travail environ 5 min - Temps de repos environ 1h
Durée totale environ 1h5 min - Portion : 1

Ingrédients

- 300ml eau, tiède
- 1 cuillère à soupe huile d'olive
- 1 cuillère à soupe Sucre
- 2 Cuillères à thé Sel
- 500g Farine
- 1 point levure (levure sèche)

Préparation

1. Versez les ingrédients dans la machine à pain dans l'ordre suivant :
   1. Eau ; 2. Huile ; 3. Sucre ; 4. Sel ; 5. Farine ; 6. Levure
2. Réglez la machine à pain sur le programme pâte. Durée environ 1h30
3. La pâte peut aussi être facilement réalisée sans machine à pain.
4. Pour ce faire, mélangez la levure sèche avec la farine. Ajouter le reste des ingrédients et pétrir environ 5 minutes. La pâte ne doit plus coller. Laisser ensuite lever la pâte environ 30 minutes.
5. Enfin, étalez la pâte, étalez-la sur une plaque à pâtisserie et garnissez-la comme vous le souhaitez.

68. **Pâte à pizza de la machine à pain 2**

- *Temps de travail environ **10** min - Temps de repos environ **2** heures*
- *Temps de cuisson/cuisson environ **15** minutes - Durée totale environ **2 h25 min***
- Portion : **2**

Ingrédients

- 300 grammes Farine, type 550
- ½ cuillère à café Sel
- ½ cube Levure fraîche (20 g)
- 2 cuillères à soupe huile d'olive
- 200ml eau, tiède
- 1 pincée(s) Sucre

Préparation

1. Dissoudre la levure dans l'eau et ajouter à la machine à pain avec les autres ingrédients.
2. Activez le programme "9 Pâte" et la pâte sera bien pétrie.
3. Si la pâte est un peu collante, mettre un peu de farine sur le fond et sur la pâte avant de l'étaler. Après avoir roulé, laissez lever encore 10 minutes puis recouvrez avec ce que vous voulez.
4. Cuire environ 15 minutes à 270°C.
5. La portion est suffisante pour 2 pizzas rondes ou une grande plaque de four à pizza.

Conseils :
- La pâte peut être laissée couverte au réfrigérateur toute la nuit ou congelée.
- Au lieu de sauce tomate, j'utilise parfois un Ajvar doux et fin comme base, puis je mets du fromage, puis les autres ingrédients par-dessus.

69. **Pâte à pizza dans la machine à pain 3**

- *Temps de travail environ **10** min - Temps de repos environ **2** heures*
- *Temps de cuisson/cuisson environ **15** minutes - Durée totale environ **2h25** min*
- Portion : **1**

Ingrédients

- 300 grammes Farine de blé type 405
- 120ml Eau
- 2 cuillères à soupe huile d'olive
- 1 paquet Levure sèche, environ 7 g
- 1 cuillère à soupe sel de mer

Préparation

1. Durée totale environ 2 heures 25 minutes
2. Ajoutez d'abord de l'eau et de l'huile d'olive dans le moule du BBA. Ajoutez ensuite la farine et le sel.
3. La levure va dans le compartiment à levure du BBA.
4. Laissez le BBA pétrir la pâte, pâte à pizza niveau 22. Ensuite, mettez la pâte dans un bol recouvert d'un torchon et laissez-la reposer dans un endroit chaud pendant environ 2 heures.
5. Étalez la pâte levée sur du papier sulfurisé et décorez selon vos envies. Cuire environ 10 à 15 minutes à 180 °C dans un four préchauffé. Le temps de cuisson dépend de la garniture.

70. Pâte à pizza de la machine à pain 4

*Temps de travail environ **20** min - Temps de repos environ **1h30***
*Temps de cuisson/cuisson environ **15** minutes - Durée totale environ **2h5** min*
*Portion : **2***

Ingrédients

- 390g semoule de blé dur
- 390g Farine
- 400ml Eau
- 1 cube levure fraîche
- 40ml huile d'olive
- 2½ cuillères à café Sel
- 1 cuillère à café Sucre

Préparation

1. Tout d'abord, broyez finement la semoule de blé dur, vous pouvez également utiliser de la semoule déjà moulue. Mettez ensuite tous les ingrédients dans la machine à pain. Il est important que vous choisissiez un programme qui ne fait que pétrir la pâte et la laisser lever, mais ne la fait pas cuire. Si vous n'avez pas de machine à pain à disposition, vous pouvez alternativement faire la pâte dans un bol mélangeur et un batteur avec un crochet pétrisseur. Cependant, il convient de noter que la pâte doit être couverte et laissée dans un endroit chaud avant d'être transformée. Lorsque la pâte est prête, vous pouvez l'étaler et la décorer comme bon vous semble.

71. Pizza moitié-moitié : Roquette Jambon de Parme salami à l'huile d'ail

- 🕐 *Temps de travail environ **45** min*
- 🕐 *Temps de cuisson/cuisson environ **2h20** minutes - Durée totale environ **3h5** min*
- 🍽 *Portion : **1***

Ingrédients

- 500g Farine
- 300ml eau chaude
- 2 Cuillères à thé Sel
- 1 cuillère à soupe Sucre
- 1 cuillère à soupe huile d'olive
- 1 paquet levure sèche

Pour recouvrir :

- 1 sac roquette
- Quelques tomate(s) cerise(s)
- 3 orteils Ail
- 1 boîte Sauce à pizza, contenu 400 g, bonne qualité
- 200g Mozzarella, râpée
- 12 tranches/s Salami, salami de boeuf
- 50 grammes Jambon de Parme, quantité au choix
- 80ml huile d'olive

Préparation

1. Versez les ingrédients dans la machine à pain dans l'ordre suivant :
   1. eau 2. huile, 3. sucre, 4. sel ; 5. Farine, 6. Levure
2. Activez ensuite un programme pâte qui dure environ 1h30.
3. Pendant que la machine est en marche, épluchez les gousses d'ail et pressez-les dans un verre avec environ 80 ml d'huile d'olive et réservez.
4. Après la fin du programme, saupoudrez un peu de farine sur un plan de travail et frottez ou râpez les mains et pétrissez à nouveau brièvement la pâte. Donnez-lui la forme approximative de la plaque à pâtisserie.
5. Préchauffer le four à 250°C.
6. Frottez le plateau avec un peu d'huile d'olive, placez-y la pâte et étalez-la.

Pour recouvrir :

1. Étendre les 3/4 de la sauce à pizza sur la pâte. Étaler la mozzarella sur la sauce (en laisser un peu). Couvrir une moitié avec les 12 tranches de salami. Répartir le reste du fromage sur les tranches de salami (pas trop). Arrosez ensuite l'ensemble de la pizza d'huile d'ail à l'aide d'une cuillère à café (laissez au moins 40 ml). Mettez ensuite la feuille au milieu du four pendant 15 à 20 minutes.
2. Pendant ce temps, lavez et essuyez la roquette, coupez les tomates en quartiers et coupez le jambon de Parme en bouchées.
3. Juste avant la fin de la cuisson de la pizza, mélanger la roquette avec le reste d'huile d'olive (au goût, il n'est pas nécessaire de tout utiliser).
4. Retirer la pizza et étaler le jambon de Parme sur le côté sans le salami. Couvrir ensuite avec les morceaux de tomates, le reste de mozzarella et la roquette huilée. Servir la pizza immédiatement.

72. Pain nature au levain

- ⏱ *Temps de travail environ **5** min*
- ⏱ *Temps de cuisson/cuisson environ **5** minutes*
- 🍽 *Portion : **1***

Ingrédients

- ½ paquet Levain (levain sec, 7,5 g)
- 350ml eau, tiède
- 1 cuillère à café, filtrée poudre de cumin
- 1 cuillère à café Graine de fenouil et coriandre, moulues, au goût
- 1 cuillère à café, bombée Sel
- 250g   Farine de blé (farine complète)
- 250g   Farine de blé, type 1050
- 1 paquet levure sèche

Préparation

1. Ajoutez d'abord l'eau au BBA, puis les ingrédients secs, en ajoutant toujours la levure en dernier !
2. Réglez sur le programme de base.

73. Pains plats de Pâques sucrés

- ⏱ *Temps de travail environ **10** min - Temps de repos environ **3** heures*
- ⏱ *Durée totale environ **3** heures **10** minutes*
- 🍽 *Portion : **4***

Ingrédients

- 500g   Farine
- 35g Levure
- 160g lait
- 70g Sucre
- pincée Sel
- 110g   beurre
- 3 m. Grand œufs
- 1 paquet sucre vanillé
- 1 pincée Mélange d'épices (spéculas)
- ½ Citron, non traité, jus et zeste râpé
- 250g   raisins secs
- 30g Amande, hachée
- 50 grammes   Zeste de citron, haché petit
- 1 jaune d'œuf, pour badigeonner
- Lait, pour badigeonner
- Sucre cristallisé, pour saupoudrer
- Beurre, pour la plaque à pâtisserie

Préparation

1. Verser les ingrédients dans la machine à pain un à la fois. Sélectionnez le programme "pâte seule".
2. Sortir ensuite la pâte du moule, pétrir à nouveau et façonner un gâteau plat. Graisser la plaque à pâtisserie, y déposer la galette et la faire lever dans une pièce chaude ou dans un four tiède (maximum 30°C). Il devrait atteindre environ deux fois la taille.
3. Couper le pain plat en forme de treillis, mélanger le jaune d'œuf avec le lait et badigeonner le pain plat avec et saupoudrer de sucre semoule. Cuire au four à 180°C (chaleur voûte et sole) sur la grille du milieu pendant environ 40 minutes. Il est préférable de couvrir de papier d'aluminium, sinon il noircira très rapidement.

Conseil :
⇒ J'utilise les programmes "Normal" et "Pâte" avec une durée totale de fonctionnement de 2 heures 20 minutes.

74. Pain plat au sésame

- Temps de travail environ **20** min - Temps de repos environ **1** heure
- Durée totale environ **1h20**
- Portion : **1**

Ingrédients

- 300 grammes Blé
- 60g sésame
- ½ cuillère à café poudre de coriandre
- 1 paquet levure sèche
- 1 cuillère à café Sel
- 200ml eau, tiède
- Quelque chose lait condensé

Préparation

1. Moudre 300 g de blé mi-fin (ou utiliser de la farine de blé entier). Faites légèrement griller 60 g de graines de sésame dans une poêle sans matière grasse en laissant quelques graines de sésame. Mélanger soigneusement tous les ingrédients et traiter dans un robot culinaire ou un batteur à main électrique avec un crochet pétrisseur d'abord sur le réglage le plus bas, puis sur le réglage le plus élevé pendant environ 5 minutes pour former une pâte lisse.

2. Laisser lever la pâte dans un endroit chaud jusqu'à ce qu'elle double de volume. Ensuite, pétrissez bien à nouveau sur la table, coupez en 6 morceaux et formez des galettes. Déposez les galettes sur une plaque recouverte de papier cuisson et laissez à nouveau lever dans un endroit tiède.

3. Badigeonner les pains plats de lait concentré et saupoudrer des graines de sésame restantes. Placez la plaque de cuisson dans le four préchauffé et faites cuire à 150 degrés pendant environ 20 minutes.

⇒ Le fromage, les olives vont bien avec cela.

Un pain plat a 217 kcal, faible en gras 30 % : 26,26 %, WW 4 points.

75. Pain à pizza 1

- Temps de travail environ **20** min
- Durée totale environ **20** min
- Portion : **4**

Ingrédients

- 1 cuillère à soupe huile
- 1 cuillère à café Sel
- 1 cuillère à café Sucre
- 1 cuillère à café Origan ou assaisonnement pour pizza
- 2 cuillères à soupe fromage, râpé
- 50 grammes salami
- 540g Farine
- 1 paquet levure sèche
- 300ml Eau
- 1 petit poivron
- Quelque chose ail, frais

Préparation

1. Verser tous les ingrédients dans le bol de la machine à pain. Commencez par l'eau et l'huile. Coupez le salami, les poivrons et l'ail en très petits cubes et ajoutez-les avec le fromage après le bip.

76. **Pain à pizza 2**

- 🕐 *Temps de travail environ **15** min*
- 🕐 *Durée totale environ **15** min*
- 🍽 Portion **: 1**

Ingrédients

- 110ml Eau
- 110ml tomates, c'est arrivé
- 1 cuillère à soupe huile d'olive
- 1 cuillère à soupe Sucre
- 1 cuillère à café Sel
- 300 grammes Farine de blé type 1050
- 1 cuillère à café levure sèche
- 4 cuillères à café Herbes, italiennes, séchées
- 1 pincée granulé d'ail

Préparation

1. Idéalement, ce pain est cuit dans la machine à pain. Pour ce faire, mettez tous les ingrédients dans le récipient les uns après les autres. Programme normal, dorage léger
2. Si vous n'avez pas de machine à pain, vous devrez tester exactement combien de temps il doit passer au four. Mais comme il s'agit d'un tout petit pain (vous pouvez bien sûr le convertir en un plus gros !), il n'aura probablement pas à cuire trop longtemps. C'est meilleur avec juste du beurre !

77. **Pain à pizza 3**

- 🕐 *Temps de travail environ **5** min - Temps de repos environ **1h30***
- 🕐 *Durée totale environ **1** h*
- 🍽 Portion **: 1**

Ingrédients

- 160ml Eau
- 160ml Tomate(s), passée
- 1 cuillère à soupe huile d'olive
- 1 cuillère à café Sel
- 1 cuillère à café Sucre
- 1 cuillère à café Persil, origan ou poivre
- 50 grammes Salami coupé en petits morceaux
- 20g Parmesan, râpé
- 450g farine de blé
- 6g levure sèche

Préparation

1. Durée totale environ 2 heures 35 minutes
2. Mettez simplement tous les ingrédients dans la machine à pain dans l'ordre indiqué !

- <u>Donne environ 750-900 g</u>
- <u>Programme de cuisson : Normal, Basique</u>
- <u>Couleur : Léger</u>

78. Pain à pizza 4

- ⏱ Temps de travail environ **10** min - Temps de repos environ **1h**
- ⏱ Durée totale environ **1h10 min**
- 🍽 Portion : **1**

Ingrédients

- 400ml eau, tiède
- 650g Farine de Blé (Type 1050 ou 550)
- 1 paquet levure sèche
- 1½ cuillère à café Sel
- ½ cuillère à café poivre
- ½ cuillère à café poudre de paprika
- ½ cuillère à café basilic
- ½ cuillère à café thym
- ½ cuillère à café Origan
- 1½ cuillère à soupe Persil, lyophilisé
- 50 grammes oignons rôtis
- Peut-être. Champignons, séchés
- Peut-être. Parmesan

Préparation

1. Bien mélanger la farine avec la levure. Incorporer ensuite les épices (y compris le sel). Le sel aux herbes peut également être utilisé à la place du sel (utilisez-en un peu plus). Si des herbes fraîches sont utilisées, n'en ajoutez qu'après le bip.
2. Des mélanges d'assaisonnements peuvent bien sûr également être utilisés, puis additionnez simplement les quantités (attention si le sel est inclus, car le sel empêche la levée de la levure !) Le persil lyophilisé peut être ajouté immédiatement, mais les frais ne peuvent être ajoutés que lorsque le signal sonore se fait entendre.
3. Réglez le BBA comme suit : Programme normal, brunissement moyen (selon le BBA, s'il a tendance à être trop clair ou trop foncé).
4. Ajoutez les oignons frits à la pâte lorsque le signal retentit (après environ une demi-heure). Si nécessaire, vous pouvez ajouter un peu de parmesan ou jusqu'à 30 g de champignons séchés (au bip).

79. Pain à pizza 5

- ⏱ Temps de travail environ **10** min - Durée totale environ **10** min
- 🍽 Portion : **5**

Ingrédients

- 300ml Eau
- 1 cuillère à soupe huile (par exemple huile d'olive)
- 1 cuillère à café Sel
- 1 cuillère à café Sucre
- 1 cuillère à café Origan, séché
- 50 grammes Salami, coupé en petits morceaux
- 20g Fromage râpé (Emmental ou Parmesan)
- 540g Farine de blé, type 550 ou 405
- ¾ paquet levure sèche

Préparation

1. Versez simplement tous les ingrédients dans le moule à pain dans l'ordre indiqué ci-dessus.

⇒ Programme normal, 750 ou 1000.

✱ Si vous voulez un 1250, faites simplement convertir les ingrédients en 7 portions.

80. Pain pizza à la Mäusle

🕐 *Temps de travail environ **5** min - Durée totale environ **5** min*
🍽 *Portion : **1***

Ingrédients

- 160ml Eau
- 160ml Tomate, passée
- 450g farine de blé
- 6g levure sèche
- 1 gousse Ail, finement écrasé
- 1 cuillère à café Sel
- Par exemple. poivre
- Origan
- thym
- basilic

Préparation

⇒ Mettez d'abord l'eau et la purée de tomates dans la machine à pain.
⇒ Puis la farine, le sel, la levure, l'ail et les épices.

- Donne un pain de 750g.
- Programme : Normal/Basique
- Bronzage : Léger

81. Pain Surprise Kinder 1

🕐 *Temps de travail environ **5** min*
🕐 *Durée totale environ **5** minutes*
🍽 *Portion : **1***

Ingrédients

- 200ml lait
- 1 cuillère à soupe Chéri
- 1 cuillère à soupe beurre
- 1 cuillère à café Sel
- 500g Farine, farine de blé 405
- 1 paquet levure (levure sèche)
- 100g chocolat (chocolat pour enfants)

Préparation

1. Mettez d'abord le lait, le miel et le beurre fondu dans le bac à pâte, puis le sel, la farine et la levure. Sélectionnez le programme BASIS. Après le bip, ajouter le chocolat haché à la pâte.

82. Pain Surprise Kinder 2

🕐 *Temps de travail environ **5** min*
🕐 *Durée totale environ **5** minutes*
🍽 *Portion : **1***

Ingrédients

- 500g Farine (Type 405)
- 200ml lait
- 1 cuillère à soupe Chéri
- 1 cuillère à soupe beurre fondu
- 1 cuillère à café Sel
- 1 paquet levure (levure sèche)
- 100g chocolat (chocolat pour enfants)

Préparation

1. Mélanger le lait, le miel et le beurre fondu et verser dans le bol à pâte de la machine à pain. Mélanger le sel, la farine et la levure ensemble et ajouter à la machine à pain. Programmez et démarrez la machine. Cassez le chocolat et ajoutez-le à la pâte après le bip.

83. Pâte levée BBA

- ⏱ *Temps de travail environ **5** min*
- ⏱ *Durée totale environ **5** minutes*
- 🍽 *Portion : **1***

Ingrédients

- 500g Farine
- 1 point levure (levure sèche)
- 3 cuillères à soupe Sucre
- 1 cuillère à café Sel
- ½ point levure chimique
- 125g huile
- 125g Eau
- 125g lait

Préparation

1. Je mets d'abord les choses liquides dans le BBA, puis j'ajoute la farine et le reste des ingrédients.
2. Le sel et le sucre peuvent varier en fonction de ce que vous voulez faire avec la pâte (pizza/gâteau ???).
3. Je place ensuite le BBA sur la pâte à levure et après 1 1/2 heures la pâte est prête.
4. Vous pouvez le traiter immédiatement ou le laisser reposer dans le BBA.

84. Pâte à levure dans la machine à pain

- ⏱ *Temps de travail environ **10** min*
- ⏱ *Durée totale environ **10** minutes*
- 🍽 *Portion : **1***

Ingrédients

- 250ml Eau
- 1 paquet levure sèche
- 1 cuillère à café Sucre
- 440g Farine
- 1 cuillère à café Sel
- 2 cuillères à soupe huile
- Herbes de votre choix (ex. herbes à pizza)

Préparation

1. Placez les ingrédients dans la machine à pain dans l'ordre indiqué et réglez sur le réglage de la pâte. Le mien dure 1h50. Ensuite, vous pouvez soit étaler une pâte à pizza, soit en faire des baguettes ou des pains à pizza.
2. Cuire la pizza environ 20 minutes à 200°C. La baguette a besoin d'environ 25 minutes à 200°C. Petits pains, selon la taille, environ 10 minutes à 200°C.

85. Pâte à tartiner Stevia fraise de la machine à pain

- *Temps de travail environ **10** min - Temps de cuisson/cuisson environ **1h20***
- *Durée totale environ **1h30** minutes*
- *Portion : **1***

Ingrédients

- 1 kg Fraises, nettoyées et lavées
- 1 paquet Poudre gélifiante, végétalienne (par exemple Quittin)
- 4 ml Cristal de stévia
- Peut-être. poudre (poudre d'inuline)

Préparation

1. Écrasez les fraises avec la poudre gélifiante et les quatre cuillères doseuses (pour 1 ml) de cristaux de stévia purs (le pouvoir sucrant d'autres produits à base de stévia peut devoir être converti) dans un mélangeur ou avec un mélangeur à main.

2. Si vous souhaitez avoir un peu plus de fibres dans la pâte à tartiner, ajoutez deux cuillères à soupe de poudre d'inuline. Le meilleur moyen de vérifier la douceur recherchée est de la goûter avant de la conserver.

3. Avec le programme confiture de la machine à pain, cela prend alors environ 1 heure 20 minutes et après refroidissement, vous avez une tartinade fruitée paradisiaque. Une ébullition normale sur la cuisinière est bien sûr également possible, il suffit de suivre les instructions sur l'emballage du gélifiant.

4. J'ai aussi essayé cette recette avec du jus de citron, mais pour être honnête, c'était trop aigre pour moi. Remplacer la moitié des fraises par de la rhubarbe épluchée et hachée s'est avéré être une excellente option.

5. Les calories doivent être d'environ 50/100 g pour la variante pure fraise, donc une portion généreuse de pâte à tartiner doit être d'environ 25. Elle est idéale pour être mélangée à du yaourt nature.

86. Pâte à levure salée

- Temps de travail environ **15** min - Temps de repos environ **2** heures
- Durée totale environ **2h15** minutes
- Portion : **1**

Ingrédients

- 625ml eau, tiède
- 30g sucre ou miel
- 30g Sel
- 500g Farine
- 500g semoule, blé tendre
- 21g Levure sèche ou 30 g de levure fraîche

Préparation

1. Mettez de l'eau, du sucre ou du miel et du sel dans la machine à pain. Ajoutez ensuite la farine, la semoule et la levure. Bien pétrir le tout et laisser lever.
2. Sortez la pâte et façonnez le pain, la pâte à pizza et les gressins comme vous le souhaitez.
3. J'utilise maintenant cette pâte pour toutes les pâtes à levure salée que je fais.
4. La pâte est ma préférée car la semoule lui donne du "mordant" et c'est facile à travailler.
5. Les bases de pizza sont tout simplement géniales, agréables, fines et croustillantes.

- Si la recette vous convient trop, vous pouvez former deux fonds de pizza avec la moitié de la pâte et les précuire à 240°C pendant 5 minutes puis les congeler aussitôt.
- Si c'est trop pour vous (les machines à pain de taille conventionnelle n'emballent même pas 1kg de farine !!!), j'ai recalculé la recette pour la machine : 250g de farine 250g de semoule, de blé tendre 15g de sucre ou de miel 15g de sel 310 ml d'eau 10 g de levure sèche ou 15 g de levure fraîche

87. Pain de consignation

- Temps de travail environ **5** min
- Durée totale environ **5** minutes
- Portion : **20**

Ingrédients

- 300ml Eau
- 1 cuillère à soupe sirop de betterave
- 1 cuillère à café Sel
- 2 Cuillères à thé graines de carvi
- 300 grammes Farine (farine complète, seigle type 1150 ou blé 1050)
- 200 g Farine (farine de blé type 405)
- 1 paquet levure (levure sèche)

Préparation

1. Verser les ingrédients dans la machine à pain dans l'ordre ci-dessus. Programme "normal - " Brunissement "moyen"

- La recette originale est cuite avec 300 g de farine de seigle, mais j'ai essayé avec de la farine de blé 1050 et je trouve que le pain est beaucoup plus "aéré". Il a toujours un goût délicieux après des jours !

88. Pain italien pour la machine à pain

*Temps de travail environ **15** min - Temps de cuisson/cuisson environ **2** heures*
*Durée totale environ **2h15** min - Portion : **1***

Ingrédients

- 325ml lait
- 12 Tomate(s), séchée(s), conservée(s) dans l'huile
- 3 cuillères à soupe Huile, des tomates
- 4 Gousses d'ail)
- 1 oignon
- 1 ½ c. à thé, égoutté Sel
- 1 cuillère à café Origan
- 1 cuillère à café basilic
- 450g farine de blé
- 150g Farine de seigle (grain entier), ou blé, ou épeautre)
- 2 Cuillères à thé levure sèche

Préparation

1. Égouttez les tomates en réservant l'huile. Coupez 12 tomates en petits morceaux. Couper finement les gousses d'ail et l'oignon et les faire revenir légèrement dans l'huile.

2. Mettre tous les ingrédients dans le moule à pain dans l'ordre indiqué. J'utilise le programme pain blanc pour 1000 g.

⇒ Le pain est moelleux et moelleux et se marie bien avec toutes les soirées barbecue.

89. Pain blanc italien

*Temps de travail environ **5** min - Durée totale environ **5** min - Portion : **3***

Ingrédients

- 300ml Eau
- 1½ cuillère à soupe huile, neutre
- 1 cuillère à café Sel
- 1 cuillère à café Sucre
- 540g Farine de blé, type 550 ou 405
- ¾ paquet levure sèche

Préparation

1. Versez simplement tous les ingrédients dans le moule à pain dans l'ordre indiqué ci-dessus.

- Programme normal, 750 g.

⇒ Les ingrédients sont entrés pour un pain de 750g. Si vous voulez une portion de 1000, convertissez simplement les ingrédients en 4 portions, ou 5 portions pour une portion de 1250.

90. Pain blanc

*Temps de travail environ **5** min - Durée totale environ **5** min - Portion : **1***

Ingrédients

- 150ml Eau
- 150ml lait
- 25g beurre
- 1½ cuillère à café Sel
- 1 cuillère à café Sucre
- 540g farine de blé
- ¾ paquet levure sèche

Préparation

1. Pour la production dans la machine à pain vous mettez l'eau, le lait, le beurre, le sel et le sucre dans la machine. Versez ensuite la farine et la levure.

⇒ Programme normal, dorage moyen.

91. Pain naan

- Temps de travail environ **20** min - Temps de repos environ **1h**
- Durée totale environ **1h 20** minutes
- Portion : **1**

Ingrédients

- 190ml eau, tiède
- 2 cuillères à soupe huile (huile de tournesol)
- 1 cuillère à café Chéri
- 4 cuillères à soupe yaourt
- 1 cuillère à café Sel
- 450g Farine (Type 550)
- 20g Levure (ou 1 cuillère à café de levure sèche)
- farine pour le plan de travail

Préparation

1. Placez les ingrédients dans l'ordre indiqué (eau, huile, miel, yaourt, sel, farine et levure) dans le moule de la machine à pain (BBA). Lancez le programme "Pâte".

2. Dès que le programme pâte est terminé, placez la pâte sur un plan de travail fariné et pétrissez pendant 3 minutes. Diviser ensuite en 8 morceaux égaux. Étaler les morceaux de pâte à l'aide d'un rouleau à pâtisserie légèrement fariné sur environ 1/2 cm d'épaisseur. Déposer les pains naan sur une plaque de cuisson recouverte de papier cuisson, soit 4 pains par plaque. Couvrir d'un torchon humide et laisser lever environ 20 minutes.

3. Préchauffez le gril à la température la plus élevée. Retirez le torchon et faites griller chaque pain pendant 2 à 3 minutes jusqu'à ce que des taches dorées apparaissent à la surface. Retourner ensuite le pain et griller brièvement. Sers immédiatement.

92. Pain vanille

- Temps de travail environ **15** min
- Durée totale environ **15** minutes
- Portion : **1**

Ingrédients

- 1½ cuillère à café levure, levure sèche
- 500g farine (farine de blé)
- 250g yaourt, yaourt au lait écrémé ou yaourt à la vanille
- 100ml lait
- Paquet de 2 sucre vanillé
- 1 cuillère à café sucre ou miel
- 1 cuillère à café Sel
- 1 Gousse(s) de vanille, la pulpe
- Peut-être. lait
- Peut-être. Sucre
- Peut-être. Amande(s) (éclats)

Préparation

1. Placer les ingrédients dans le moule selon les instructions du fabricant. Réglez le programme "normal", dorage "moyen".

2. Ou mélangez les ingrédients en une pâte, couvrez et versez dans un moule en silicone. Coupez quelque chose, badigeonnez de lait et de sucre, parsemez d'amandes effilées torréfiées et enfournez à 200°C pendant environ 30 minutes.

93. Pain muesli 1

- Temps de travail environ **10** min
- Durée totale environ **10** minutes
- Portion : **1**

Ingrédients

- 450ml Eau
- 400g Farine, type 1050
- 275g Muesli (muesli aux fruits sans sucre)
- 2½ cuillères à café Sel
- 2 Cuillères à thé Sucre
- 15g levure fraîche

Préparation

⇒ Placez les ingrédients dans le BBA dans l'ordre.
- Programme : Normal
- Brunissage : Léger

94. Pain muesli 2

- Temps de travail environ **10** min
- Durée totale environ **10** minutes
- Portion : **1**

Ingrédients

- 315ml eau, froid
- 2 cuillères à soupe huile
- 300 grammes Farine (type 550 ou 1050 ou mixte)
- 130g Muesli sans raisins secs et chocolat
- 1 cuillère à café levure sèche
- 35g Levain, plus frais
- 1 cuillère à café Sel
- 1 cuillère à café Sucre
- Peut-être. gras pour la forme

Préparation

1. Préparez le moule de la machine à pain selon les instructions du fabricant. Sur le mien, je dois graisser le crochet pétrisseur avec de la margarine avant de l'insérer.

2. Versez d'abord l'eau froide dans le moule. Ajoutez ensuite les ingrédients restants dans l'ordre indiqué.

3. Vous pouvez faire cuire le pain sur le réglage "normal" ou "complet". Je préfère la version à grains entiers car elle "va" plus longtemps de cette façon. Cependant, cela peut être différent pour les machines individuelles.

4. L'ordre des ingrédients est différent pour chaque fabricant. Je m'assure qu'il n'y a pas de raisins secs dans le muesli, ils sont détruits par la machine lors du pétrissage et la pâte brunit. Mais vous pouvez en ajouter au bip.

95. Griller 1

*Temps de travail environ **10** min - Durée totale environ **10** min - Portion : **1***

Ingrédients

- 250ml Eau
- 500g Farine, type 405
- 2 cuillères à café, filtrées Sel
- 20g Levure

Préparation

⇒ Placez les ingrédients dans le BBA dans l'ordre.
- Programme : Normal
- Brunissage : Léger

96. Griller 2

*Temps de travail environ **10** min - Durée totale environ **10** min - Portion : **1***

Ingrédients

- 150ml Eau
- 150ml lait
- 30g beurre, mou
- 500g Farine de blé, type 550
- cuillère à café Sel
- cuillère à café Sucre
- paquet levure sèche

Préparation

⇒ Placez les ingrédients dans le BBA dans l'ordre.
- Programme :
- Brunissage rapide : Léger

97. Petit pain à l'eau

*Temps de travail environ **15** min - Temps de repos environ **2 heures***
*Durée totale environ **2h 15** minutes - Portion : **1***

Ingrédients

- 300 grammes Eau
- 30g huile végétale
- 10g Sel
- 500g farine de blé, 505
- 7g levure sèche

Préparation

1. Mettre tous les ingrédients dans le BBA les uns après les autres et régler le programme Pâte. Mon BBA prend environ deux heures pour le faire. La pâte peut bien sûr également être préparée avec le robot culinaire normal ou à la main.
2. Avec la minuterie du BBA, la pâte finie est disponible peu de temps avant le petit-déjeuner.
3. Façonner la pâte en huit boules et les déposer sur une plaque recouverte de papier cuisson. Faire une encoche dans chaque pain avec un couteau mouillé et laisser lever 20 minutes. Badigeonner d'eau ou humidifier avec un pulvérisateur à fleurs et cuire au four à 250 degrés pendant 12 à 15 minutes.
4. Dès que les rouleaux sortent du four, humidifiez-les immédiatement avec le pulvérisateur à fleurs, cela leur donnera un joli brillant.

98. Pain à la banane

- ⏱ *Temps de travail environ **15** min*
- ⏱ *Durée totale environ **15** minutes*
- 🍽 Portion : **1**

Ingrédients

- 300ml lait
- 3 c. Chéri
- 80g beurre, mou
- 550g Farine, type 550
- 2 cuillères à café, filtrées   Sel
- ¾ cuillère à café sucre vanillé
- 1½ Banane(s), écrasée
- 25g levure fraîche
- 80g noix

Préparation

⇒ Ajouter le lait, le miel, le beurre, les bananes, la farine, le sel, le sucre vanillé et la levure au BBA.
- Programme : Normal
- Brunissage : Léger

⇒ Après le 1er bip après le démarrage, ajoutez les noix.

99. Pain multigrains au babeurre pour la machine à pain

- ⏱ *Temps de travail environ **5** min - Temps de cuisson/cuisson environ **3** heures*
- ⏱ *Durée totale environ **3h5** minutes*
- 🍽 Portion : **1**

Ingrédients

- 500 ml Babeurre
- 2 Cuillères à thé Sel
- 2 cuillères à soupe Sucre
- 2 cuillères à soupe huile, neutre
- 300 grammes Farine de blé (grain entier) ou type 1050
- 200g   farine d'épeautre (grain entier)
- 100g   farine de seigle (grain entier)
- 100g   Céréales mélangées (graines de citrouille, sésame, graines de lin, graines de pavot, pignons de pin, graines de tournesol, etc.)
- 1 paquet levure sèche

Préparation

⇒ Placez les ingrédients dans l'ordre indiqué dans le plat de cuisson de la machine à pain.

Selon la machine à pain :

⇒ choisissez le bon programme (il existe généralement un programme supplémentaire pour le pain au babeurre, sinon "normal") et réglez le brunissage le plus foncé. Réglez la bonne taille de pain. Si possible, n'utilisez pas de programme express.

⇒ démarrer le programme.

100. Babeurre - Pain aux Raisins

- ⓘ *Temps de travail environ **2** min*
- ⓘ *Durée totale environ **2** minutes*
- 🍽 Portion : **4**

Ingrédients

- 375ml Babeurre
- 500g farine (farine de blé)
- 1 paquet levure (levure sèche)
- 1 cuillère à café Sel
- 4 cuillères à soupe Sucre
- 8 cuillères à soupe raisins secs
- 1 éclaboussure Citrons

Préparation

⇒ Versez le babeurre dans le moule de la machine à pain. Ajouter la farine et les autres ingrédients. Sélectionnez le programme normal pour le pain blanc et mixte. Durée du programme avec repos de la pâte et cuisson : environ 3 heures. Après cuisson, démouler et laisser refroidir.

- Bon goût avec des garnitures (par exemple du beurre et de la confiture) et sans.

101. Pain gofio

- ⓘ *Temps de travail environ **10** min*
- ⓘ *Durée totale environ **10** min*
- 🍽 Portion : **4**

Ingrédients

- 420ml Eau
- 1 paquet levain
- 200g Farine de blé, type 550
- 150g la farine de seigle
- 150g Farine, farine de gofio des Canaries
- 1 paquet Levure
- 1 cuillère à café Sel
- 1 cuillère à soupe graine de lin
- 2 cuillères à soupe sarrasin

Préparation

1. Le gofio est le plus ancien aliment connu des îles Canaries. Même aujourd'hui, vous pouvez l'acheter sur presque tous les marchés là-bas. C'est une farine à base de céréales torréfiées et disponible en différentes variétés. Il se compose souvent de maïs, mais aussi d'orge et d'autres graines.

2. Placez tous les ingrédients dans la machine à pain dans l'ordre indiqué ; Programme normal, bronzage intensif.

102. Pain aux noix pour la machine à pain 1

- Temps de travail environ **10** min - Durée totale environ **10** min
- Portion : **1**

Ingrédients 1

- 150g noix, hachées
- ⅛ litres lait
- 100g crème
- ¼ litre eau chaude
- 100g Farine de blé, grossière
- 400g Farine de blé, type 405
- 100g farine de seigle (grain entier)
- 3 cuillères à café levure sèche
- 1 cuillère à soupe sucre, brun
- 2 Cuillères à thé Sel

Préparation

1. Faites torréfier les noix dans une poêle et laissez-les refroidir. Ajouter le reste des ingrédients au BBA. Ajouter les noix après le bip.
⇒ Programme complet foncé Taille 2
⇒ Le programme de cuisson dure environ 3 1/2 heures.

103. Pain aux noix 2

- Temps de travail environ **10** min - Durée totale environ **10** min
- Portion : **1**

Ingrédients

- 300ml lait
- 300 grammes Farine de blé, grains entiers
- 200g Farine d'épeautre, grains entiers
- 100g noix, hachées
- 1 sac levure sèche
- 1 cuillère à café Sel
- 1 cuillère à café Sucre
- 1 coup huile

Préparation

1. Mettez tous les ingrédients dans la machine à pain dans l'ordre spécifié ici et faites cuire le pain avec le programme "Normal".

104. Pain aux noix 3

- Temps de travail environ **10** min - Durée totale environ **10** min
- Portion : **1**

Ingrédients

- 210ml Eau
- 1 cuillère à soupe beurre
- 1 cuillère à soupe Sucre
- 1 cuillère à café Sel
- 300 grammes Farine (farine de blé type 550)
- 1 pincée acide ascorbique
- ½ cuillère à café levure (levure sèche)
- 40g Noisettes, hachées

Préparation

1. Mettre tous les ingrédients dans le BBA.
   - Programme : normal   -   Bronzage : léger

105. **Herbes - noix – pain**

- *Temps de travail environ **10** min*
- *Durée totale environ **10** min*
- Portion : *1*

Ingrédients

- 250ml eau, tiède
- 5 cuillères à café huile, (huile de tournesol)
- 1½ cuillère à café huile, (huile de noix)
- 1½ cuillère à café Basilic dans l'huile, égoutté
- 350g Farine, farine de blé type 550
- 2½ cuillères à soupe Lait en poudre (poudre de lait écrémé)
- 1½ cuillère à café marjolaine
- 1½ cuillère à café thym
- 1 cuillère à café Sel
- 2½ cuillères à soupe Sucre
- 1 paquet Levure (levure sèche)
- 70g noix, hachées

Préparation

1. Verser l'eau dans le moule à pain, ajouter les huiles et le basilic.
2. Répartir la farine uniformément sur le dessus et saupoudrer de poudre de lait écrémé et d'herbes. Mettez le sel et le sucre dans un coin de chaque moule. Faites une petite entaille dans la farine avec votre doigt, sans exposer le liquide, et versez la levure.

- Cuire le pain.
- Programme : Normal, brun moyen

Astuce : Je laisse seulement la machine faire la pâte puis la façonner en baguette. Je le mets sur une plaque, je le laisse lever à nouveau et je le fais cuire au four à 200°C pendant environ 30 minutes.

106. Pain de blé mélangé pour la machine à pain 1

⏱ *Temps de travail environ **10** min - Temps de cuisson/cuisson environ **3** heures **10** minutes - Durée totale environ **3h20** min*

🍽 Portion : **1**

Ingrédients

- 700g   Farine de blé, type 405
- 100g   la farine de seigle
- 2 Cuillères à thé Sucre
- 1 paquet levure sèche
- 370ml eau, tiède
- 2 cuillères à soupe   huile
- 2 cuillères à soupe   Vinaigre
- 2 Cuillères à thé Sel

Préparation

1. Versez progressivement tous les ingrédients dans le moule de la machine à pain.
2. Réglez la machine comme suit :
- niveau 1 (pain normal) - degré de dorage moyen ou foncé - poids 1250 g

107. Pain de blé mélangé pour la machine à pain 2

⏱ *Temps de travail environ **15** min - Temps de cuisson/cuisson environ **4** heures*
⏱ *Durée totale environ **4h15 min***

🍽 Portion : **1**

Ingrédients

- 300 grammes farine de blé entier
- 200g   Farine de Blé Type 550
- 12g Sel
- 20g feuilles de betterave
- 2 Cuillères à thé Fenugrec moulu
- 1 cuillère à soupe, bombée mélange d'épices à pain
- 8g huile d'olive
- 8g vinaigre balsamique
- 320ml Eau
- 1½ cuillère à café levure sèche

Préparation

1. Placer les ingrédients dans l'ordre dans la machine à pain. Réglez la machine sur "grains entiers" et le degré de brunissement sur "moyen".

⇒ Le processus de cuisson dure environ 4 heures et donne un pain d'environ 850 g.

108. Pain de blé mélangé 3

⏱ *Temps de travail environ **10** min - Durée totale environ **10** min*

🍽 Portion : **1**

Ingrédients

- 190ml Eau
- 1 cuillère à soupe beurre
- 1 cuillère à soupe Sucre
- 1 cuillère à café Sel
- 240g Farine (farine de blé type 550)
- 60g Farine (farine de seigle type 1150)
- 1 pincée acide ascorbique
- ½ cuillère à café levure (levure sèche)

Préparation

1. Mettre tous les ingrédients dans le BBA.
- Programme : normal - dorage : moyen

109. Pain de blé Okara aux graines de tournesol

- *Temps de travail environ **10** min - Temps de cuisson/cuisson environ **3** heures*
- *Durée totale environ **3h10** minutes*
- Portion : **1**

Ingrédients

- 150g Okara, quantité approximative fabriquée à partir de 100 g de graines de soja séchées
- 250g Farine de blé, type 550
- 200g farine de blé (grain entier)
- 75g son (blé)
- 300ml Lait de soja (boisson au soja)
- 1 paquet levure sèche
- 1 cuillère à café, bombée Sel
- 1 cuillère à café Vinaigre de cidre de pomme
- 1 cuillère à soupe huile (tournesol)
- ½ cuillère à café Mélange d'épices à pain de fenouil, carvi, anis
- 75g graines de tournesol
- 1 pincée sucre de canne brut

Préparation

1. Mettre tous les ingrédients liquides (lait de soja, huile, vinaigre) dans la machine à pain. Ajouter ensuite tous les ingrédients secs sauf les graines de tournesol et s'assurer que la levure sèche n'entre pas en contact avec le sel.
2. Sélectionnez un programme de base ou normal (env. 3 heures) (taille du pain : moyen, dorage : foncé) et n'ajoutez les graines de tournesol qu'après le signal correspondant (dans mon cas c'est après le premier pétrissage). C'est aussi un bon moyen de contrôler la consistance de la pâte. Ce doit être une pâte assez molle et collante. Selon le degré d'humidité de l'okara, il peut être nécessaire d'ajouter un peu de lait de soja.
3. Après le dernier pétrissage, retirez les crochets pétrisseurs et vous aurez du pain sans trous !
4. Le pain coule un peu après la cuisson, mais n'est pas détrempé, mais agréable et juteux.

Info :

- Okara est le nom japonais de la purée de soja, qui est un sous-produit du résidu de pressage dans la production de lait de soja. Il est très sain et nutritif car il contient encore une partie des protéines et des fibres alimentaires du soja. Cependant, comme toutes les légumineuses, elle ne doit pas être consommée crue car elle contient des inhibiteurs enzymatiques (appelés inhibiteurs de la trypsine). Après un chauffage suffisant (ébullition, torréfaction, cuisson), cependant, la consommation est sans danger.

110. Pain aux raisins Okara

*Temps de travail environ **10** min - Temps de cuisson/cuisson environ **3** heures **50** minutes - Temps total environ **4** heures - Portion : **1***

Ingrédients

- 180g okara
- 50 grammes polenta
- 200g Farine de blé, type 1050
- 200g farine de blé, (grain entier)
- 275ml Lait de soja (boisson au soja), peut-être un peu plus
- 1 cuillère à café sel de mer
- 1 cuillère à café sucre de canne brut
- 1 cuillère à café épluchure d'orange
- ½ cuillère à café mélange d'épices à pain
- 1 paquet levure sèche
- 1 cuillère à café vinaigre, blanc
- 1 cuillère à soupe huile, (huile de tournesol)
- 65g raisins secs

Préparation

1. Ajouter le lait de soja, l'huile de tournesol, le vinaigre, le sel et les épices au BBA. Ajoutez ensuite l'okara. Mélanger les deux types de farine avec la polenta et ajouter au BBA. Ajouter enfin la levure sèche.
2. Démarrez le programme de grains entiers du BBA (env. 3 h 50) et n'ajoutez les raisins secs que lorsque le signal pour les ingrédients spéciaux est donné (après le premier pétrissage).

Astuce : Après le dernier pétrissage, retirez les crochets pétrisseurs du BBA pour obtenir un pain sans trous.

111. Pain aux tomates Okara

*Temps de travail environ **10** min - Temps de cuisson/cuisson environ **3** heures **30** minutes - Temps total environ 3h40 heures - Portion : **1***

Ingrédients

- 170g Okara, (purée de soja)
- 250 g Farine (farine complète, toute sorte, blé, seigle ou épeautre)
- 200g Farine de blé, type 550
- 1½ cuillère à café sel de mer (ou gros sel)
- ½ cuillère à café Origan, séché
- ½ cuillère à café poudre de curry
- 1 cuillère à café Mélange d'épices à pain, moulu
- 1 cuillère à café sucre de canne brut
- 1 cuillère à café Balsamique, blanc
- 1 cuillère à soupe huile d'olive
- 300ml Jus de tomate (éventuellement un peu plus ou moins, selon le type de farine)
- 1 paquet levure sèche
- 40g graine de lin
- 20g sésame

préparation

1. Tout d'abord, versez le jus de tomate (à température ambiante) avec les épices, le sel et le sucre dans le bol mélangeur de la machine à pain. Ajoutez ensuite les deux types de farine et l'okara. Ajoutez enfin la levure sèche afin que la levure n'entre pas en contact direct avec le sel.
2. Sélectionnez le programme grains entiers avec une durée totale de fonctionnement d'environ 3,5 heures.
3. Ajoutez les graines de lin et le sésame seulement après le bip (après le premier pétrissage).

Astuce : Après le dernier pétrissage, retirez les crochets pétrisseurs de la machine à pain. C'est ainsi que l'on obtient un pain sans trous.

112. __Pain noir__

- Temps de travail environ **5** min
- Durée totale environ **5** minutes
- Portion : **1**

Ingrédients

- 500g farine d'épeautre
- 1 cuillère à café, filtrée sucre de canne
- 1 cuillère à café, filtrée sel de mer
- 1 paquet levure sèche
- 150ml Eau
- 150ml lait

Préparation

1. Mettre tous les ingrédients dans la machine à pain dans l'ordre indiqué dans la recette. Le pain est cuit avec le programme " Rapide", degré de dorage "léger" ou "moyen" (selon le goût), taille du pain "moyen". Après la cuisson, sortez immédiatement le pain du moule et laissez-le refroidir.

113. __Pain aux raisins / juments aux raisins à la farine d'épeautre pour la machine à pain__

- Temps de travail environ **15** min - Temps de cuisson/cuisson environ **2** heures
- Durée totale environ **2h15** minutes
- Portion : **1**

Ingrédients

- 70g Margarine ou beurre ramolli
- 1 œuf
- 220ml lait
- 65g Sucre
- 1 paquet sucre vanillé
- 1 cuillère à café, bombée sel, environ 7 g
- 1 paquet levure sèche
- 1 cuillère à café, filtrée Cannelle, varier selon les goûts
- 200g Farine de blé type 405
- 200g Farine d'épeautre type 630
- 150g raisins secs ou raisins secs

Préparation

⇒ Placez les ingrédients dans la machine à pain dans l'ordre indiqué. Sélectionnez le programme "pain blanc" avec "croûte légère" et appuyez sur commencer.

Astuce :

- Je recommande d'utiliser du lait froid, ce qui rend la jument très moelleuse. Si vous l'aimez encore plus moelleux, utilisez du lait tiède (= température ambiante).
- Si vous souhaitez que le pain soit plus sucré, prenez au total 2 paquets de sucre vanillé. Je le modifie de temps en temps en fonction de ce que je ressens.

114. **Pain de Silésie pour les machines à pain**

- *Temps de travail environ **10** min*
- *Durée totale environ **10** minutes*
- Portion **: 1**

Ingrédients

- 450ml babeurre, chaud
- 1 cuillère à soupe Vinaigre
- 1 cuillère à café Sel
- 2 Cuillères à thé Chéri
- 250g farine, farine de blé (405)
- 250g farine, farine de blé (550)
- ½ cuillère à café levure (levure sèche)

Préparation

⇒ Mettez les ingrédients dans l'ordre dans la machine à pain.

- Programme : normal
- Brunissage : léger

Astuce : Ajoutez plus de liquide et/ou de farine si nécessaire.

115. Streusel pour la machine à pain

- ⏱ Temps de travail environ **10** min - Temps de repos environ **2h50**
- ⏱ Temps de cuisson/cuisson environ **30** minutes - Durée totale environ **3h30** minutes
- 🍽 Portion : **4**

Ingrédients

- 600g Farine
- 80g Sucre
- 80g beurre
- 250ml lait
- 1 paquet sucre vanillé
- 2 jaunes d'œufs
- 1 paquet levure sèche
- 1 cuillère à café Sel
- 1 Jaune d'œuf pour badigeonner

Préparation

1. Mettre la levure, la farine, le sucre, le sucre vanillé, le sel et les jaunes d'œufs dans le bol de la machine à pain. Faire chauffer un peu le lait, y dissoudre le beurre et le verser dans le récipient.

2. Réglez la fonction "Normal, Pâte" sur la machine. La pâte prend 2 heures 20 minutes avec ma machine.

3. Divisez la pâte en 3 parties et façonnez-les en longues "cordes", tressez-les en une tresse. Laissez lever la tresse, badigeonnez-la d'un jaune d'œuf et enfournez à 170°C environ jusqu'à ce qu'elle soit dorée.

116. Pain au yaourt d'épeautre de la machine à pain

- ⏱ Temps de travail environ **5** min - Temps de cuisson/cuisson environ **3** heures
- ⏱ Durée totale environ **3h5** minutes
- 🍽 Portion : **1**

Ingrédients

- 500g Yaourt, 0,1% de matière grasse
- 2 Cuillères à thé sel, ou au goût
- 2 Cuillères à thé mélange d'épices à pain
- 1 cuillère à café sirop d'érable
- 500g Farine d'épeautre type 1050
- 20g graine de lin
- 1 sac/s levure sèche

préparation

1. Mettez tous les ingrédients dans la machine à pain dans cet ordre et faites cuire dans le programme de base comme un gros pain légèrement doré.

117. Yaourt - citron - pain aux carottes

*Temps de travail environ **15** min - Durée totale environ **15** min - Portion : **1***

Ingrédients

- 125ml Eau
- 150g Yaourt, 3,5%
- 50ml huile
- Citron, jus et zeste râpé
- 500g Farine de blé, type 550
- 150g Carottes, rapées
- 2 Cuillères à thé Sucre
- 1 cuillère à café Sel
- 1 paquet levure sèche
- par exemple. Farine

préparation

1. Mettre tous les ingrédients dans la machine à pain dans l'ordre indiqué.
2. La carotte râpée n'est ajoutée qu'après le premier bip.
3. Si les carottes râpées sont ajoutées à la pâte, vous devrez peut-être ajouter un peu plus de farine, sinon la pâte sera trop humide.

- J'ai fait cuire le pain sur le programme "normal", croûte moyenne. Donne un pain de 750g.

118. Pain au yaourt d'épeautre du BBA

*Temps de travail environ **10** min - Temps de cuisson/cuisson environ **3** heures*
*Durée totale environ **3h10** minutes - Portion : **1***

Ingrédients

- 160g lait
- 3 cuillères à soupe Yaourt nature
- œuf
- 65g beurre
- 55g Sucre
- 1 cuillère à café Sel
- 1 cuillère à café levure sèche
- 1 paquet sucre vanillé
- 350g Farine d'épeautre type 630

Préparation

1. Mettre tous les ingrédients dans la machine à pain dans l'ordre indiqué. Pour la cuisson, sélectionnez le programme de base pour les petits pains jusqu'à 750 g et réglez un réglage léger pour le dorage. - Le pain sera très moelleux et moelleux.

119. Pain au yaourt

*Temps de travail environ **10** min - Durée totale environ **10** min - Portion : **1***

Ingrédients

- 200g Farine (farine de blé type 550)
- 250 g farine (farine de blé entier)
- ½ cuillère à café Sel
- 2 Cuillères à thé Mélange d'épices (épices à pain)
- 50 grammes Céréales mélangées (citrouille, tournesol, graines de lin, sésame)
- 125g Yaourt nature
- paquet levure (levure sèche)
- 380ml eau, tiède
- cuillères à soupe huile

Préparation

1. Mettez l'eau, le sel, l'huile et le yaourt dans le plat de cuisson et remuez brièvement. Farine, levure, épices à pain et grains sur le dessus et cuire avec le programme de grains entiers.

120. Pain aux carottes 1

*Temps de travail environ **10** min - Durée totale environ **10** min - Portion : **7***

Ingrédients

- 425ml Eau
- 4 cuillères à café Sel
- 1 cuillère à café Sucre
- ½ cuillère à café Poivre, blanc, moulu
- 1 cuillère à soupe huile
- 200g carotte, râpées
- 300 grammes Farine de seigle (Type 1150)
- 300 grammes Farine de seigle (grain entier)
- 200g farine de blé (grain entier)
- 300 grammes Farine de blé (type 1050, alternativement type 405)
- 1 paquet Levain - Granulés
- 1 paquet levure sèche

Préparation

⇒ Versez simplement tous les ingrédients dans le moule à pain dans l'ordre indiqué ci-dessus.
- Réglage : programme complet

⇒ Les ingrédients sont saisis pour un pain de 1 750 g. Si vous voulez un pain de 750 g, il suffit de convertir les ingrédients en 3 portions, un pain de 1000 g en 4 portions et un pain de 1250 g en 5 portions.

121. Pain aux carottes 2

*Temps de travail environ **10** min - Durée totale environ **10** min - Portion : **1***

Ingrédients

- 200ml eau, tiède
- 50ml crème, tiède
- 1 cuillère à café Chéri
- 550g Farine de blé, grains entiers
- 1 cuillère à café sel de mer
- 1½ cuillère à café poivre du moulin
- 1 cuillère à soupe aneth
- 120g Carotte(s), finement râpée
- 1 cube Levure

Préparation

1. Mettre tous les ingrédients dans le plat de cuisson dans l'ordre indiqué. Cuire sur le programme "Basic" ou "Simple".

122. Pain aux graines de citrouille

*Temps de travail environ **10** min - Durée totale environ **10** min - Portion : **1***

Ingrédients

- 220ml Eau
- 1 cuillère à soupe beurre
- 1 cuillère à soupe Sucre
- 1 cuillère à café Sel
- 90g Farine (farine de blé type 550)
- 210g farine (farine de blé entier)
- 1 pincée acide ascorbique
- ½ cuillère à café levure (levure sèche)
- 2 cuillères à soupe graines de citrouille
- 2 cuillères à soupe millet entier

Préparation

1. Mettre tous les ingrédients dans le BBA. Programme : normal - dorage : moyen.

123. Blé - pain aux flocons d'avoine

⏱ *Temps de travail environ **5** min - Durée totale environ **5** min*
🍽 *Portion : **1***

Ingrédients

- 500g farine de blé
- 2 poignées gruau
- 1 cuillère à café, filtrée Sel
- 1 cuillère à café, filtrée Sucre
- 1 ½ paquet levure sèche
- 150ml Eau
- 150ml lait, faible en gras

Préparation

1. Mettre tous les ingrédients dans la machine à pain. Procéder du sec au mouillé. Cuire le pain avec le programme "rapide", taille du pain "moyen", degré de dorage "moyen". Retirer du moule immédiatement après la cuisson et laisser refroidir sur une plaque à pâtisserie ou similaire.

124. Pain blanc pour BBA 1

⏱ *Temps de travail environ **10** min*
⏱ *Durée totale environ **10** minutes*
🍽 *Portion : **1***

Ingrédients

- 350ml eau, tiède
- 1 cuillère à café Sel
- 1 cuillère à café Sucre
- 150g Semoule (semoule de blé dur)
- 350g Farine (Type 550)
- ¾ paquet levure (levure sèche)

Préparation

1. Placer les ingrédients dans l'ordre dans la machine à pain. Le sel et la levure ne doivent pas entrer en contact et l'eau doit être tiède. Programme : pain
   ⇒ Blanc Dorure : légère Donne un pain d'environ 740 g.

125. Pain blanc d'épeautre de la machine à cuire 2

⏱ *Temps de travail environ **3** min - Temps de repos environ **3** heures*
⏱ *Durée totale environ **3h3** min*
🍽 *Portion : **1***

Ingrédients

- 500g Farine (épeautre), Type 630
- 2 cuillères à soupe gruau de maïs (facultatif)
- 1 cuillère à café Sel
- 1 cuillère à soupe huile
- 200ml Eau
- 100ml lait (sans lactose)
- 7g levure sèche

Préparation

1. Tous les ingrédients sont placés dans la machine à pain.
   - Si réglable : croûte à légère
   - Programme de cuisson : 3 heures (niveau II).

126. Pain blanc 3

- ⏲ *Temps de travail environ **5** min*
- ⏲ *Durée totale environ **5** minutes*
- 🍽 *Portion : **1***

Ingrédients

- 350ml Eau
- 500g Farine
- ½ paquet Levure fraîche ou 1 sachet de levure sèche
- 1 cuillère à soupe sel de mer
- 1 cuillère à soupe Sucre
- 1 cuillère à soupe huile d'olive

Préparation

1. Mettez d'abord l'eau dans la machine, puis les autres ingrédients. Réglage tel que spécifié par le fabricant de la machine à pain. Je l'ai réglé comme ceci : programme normal, couleur claire.

⇒ C'est aussi super délicieux avec des herbes.

127. Pain blanc 4

- ⏲ *Temps de travail environ **5** min*
- ⏲ *Durée totale environ **5** minutes*
- 🍽 *Portion : **1***

Ingrédients

- 10g Sel
- 300 grammes eau, tiède
- 10g Sucre
- 10g fécule de pomme de terre ou fécule de maïs
- 30g beurre, très doux
- 10g malt de cuisson, peut être omis
- 500g Farine (Type 505)
- 1 sac Levure sèche (7 g)

Préparation

1. Verser tous les ingrédients dans le BBA les uns après les autres. Je place simplement le moule sur la balance et ajoute tous les ingrédients.

⇒ Réglage : grains entiers, niveau express, 750 g

128. Pain blanc 4

- Temps de travail environ **10** min - Temps de repos environ **1h**
- Durée totale environ **1h10** minutes
- Portion : **1**

Ingrédients

- 600g Farine
- ½ cube Levure
- 2 Cuillères à thé Sel
- 1 cuillère à café Sucre
- 400ml Eau
- 1 cuillère à café graine de pavot (au goût)
- graisse pour le moule à pain

Préparation

1. Mettez tous les ingrédients dans un bol, émiettez la levure dessus et travaillez-la en une belle pâte.
2. Graissez le moule à pain et si vous le souhaitez, saupoudrez la partie inférieure du moule de graines de pavot ou d'autre chose. Versez la pâte dans le moule et laissez-la lever au four à 50°C pendant environ 30 minutes.
3. Enfourner ensuite 40 minutes à 200°C.
4. Fonctionne également très bien dans la machine à pain pour les pains jusqu'à 1500 g de poids.
5. Ensuite, réglez simplement la machine sur un niveau de cuisson normal et léger conformément aux instructions.

129. Pain blanc au fromage 5

- Temps de travail environ **5** min
- Durée totale environ **5** min
- Portion : **4**

Ingrédients

- 350ml Eau
- 2 Cuillères à thé Sel
- ¼ cuillère à café poivre
- 100g Fromage râpé (Emmental ou Parmesan)
- 540g Farine de blé, type 550 ou 405 ou si vous l'aimez plus copieuse, également avec de la farine complète
- ½ paquet levure sèche
- 50 grammes Fromage râpé (Emmental ou Parmesan)

Préparation

1. A part les 50g de fromage, ajouter tous les ingrédients dans l'ordre. Si vous l'essayez avec de la farine complète, vous voudrez peut-être ajouter quelques ml d'eau supplémentaires.
2. 25 minutes avant la fin de la cuisson, saupoudrer les 50 g de fromage dessus.
   ⇒ Programme normal, 1000 g.
   ⇒ Si vous voulez faire cuire un 1250, convertissez simplement les ingrédients en 5 portions.

130. **Pain aux pommes de terre Siegerland de la machine à pain**

- *Temps de travail environ **10** min - Temps de cuisson/cuisson environ **3** heures*
- *Durée totale environ **3h10** minutes*
- Portion : **1**

Ingrédients

- 125ml lait, tiède
- 1 œuf
- 2 cuillères à café, filtrées Sel
- ½ kg Farine, type 550
- 1 sac levure sèche
- ½ kg Pomme de terre, crue, râpée

Préparation

1. Épluchez et râpez les pommes de terre ou réduisez-les en purée au robot culinaire.
2. Mettre le lait, l'œuf et le sel dans le bol de la machine à pain. Mélanger la farine avec la levure sèche et ajouter. Ajoutez enfin le mélange de pommes de terre râpées.

- Cuire sur un programme de 3 heures
- Croûte : foncée
⇒ Les informations sur la recette sont pour un pain.

131. **Biscuit au citron pour la machine à pain**

- *Temps de travail environ **5** min - Temps de cuisson/cuisson environ **1** heure*
- *Durée totale environ **1h5** minutes*
- Portion : **1**

Ingrédients

- 300 grammes Farine, type 405
- 140g Sucre
- 1 pincée Sel
- 1 paquet sucre vanillé
- 1 paquet levure chimique
- 5 gouttes Arôme (citron), ou zeste râpé d'un citron non traité
- 140g beurre
- 4 cuillères à soupe lait
- 2 m.- large œufs

Préparation

1. Faire fondre le lait avec le beurre au micro-ondes, puis laisser refroidir. Remplissez d'abord le liquide dans la machine à pain. Versez progressivement la farine, le sucre, le sel, le sucre vanillé, la levure chimique et l'arôme citron. Enfin les œufs.

⇒ J'utilise le programme "pâte", que je laisse remuer pendant 5 minutes, arrête le programme et passe en "cuisson seule".
- Peut être saupoudré de sucre en poudre.
- Un gâteau un peu compact qui peut être préparé rapidement.

132. Biscuit amande cannelle aux cerises

*Temps de travail environ **15** min Durée - totale environ **15** minutes Portion : **1***

Ingrédients

- 125g   beurre
- 125ml lait
- ½ bouteille Saveur rhum, amande amère ou vanille
- 2 œufs
- ½ paquet sucre vanillé
- ½ verre cerises, égouttées
- 125g Sucre
- 2 cuillères à soupe poudre de cacao
- 2 Cuillères à thé Cannelle
- 100g amandes
- 500g Farine
- ½ paquet levure chimique

Préparation

1. Mettez tous les ingrédients, sauf les cerises, dans la machine à pain, liquide en premier. Mettez l'appareil en programme pâtisserie. Au bout de 10 minutes ajouter les cerises. Une fois le temps écoulé, utilisez une brochette en bois pour vérifier si la pâte est cuite.

133. Cannelle - raisins secs - pain aux noix

*Temps de travail environ **15** min - Durée totale environ **15** min - Portion : **1***

Ingrédients

- 250ml Eau
- 2 cuillères à soupe huile
- ¾ cuillère à café Cannelle moulue
- 1 cuillère à soupe sucre, brun
- 60g raisins secs
- 60g Noix (par exemple noisettes), moulues
- ½ cuillère à café Sel
- 350g Farine (Type 1050)
- ½ paquet levure (levure sèche)

Préparation

1. Ajouter tous les ingrédients au BBA un par un, en commençant toujours par les liquides.
2. Réglez le programme sur "Pain sucré" ou "Pain normal".

134. Pain épicé aux oignons pour la machine à pain

*Temps de travail environ **10** min - Temps de cuisson/cuisson environ **3** heures **10** minutes - Durée totale environ **3h20** minutes - Portion : **2***

Ingrédients

- 350ml Eau
- 500g Farine, type 405
- 1 paquet levure sèche
- 1½ cuillère à soupe   sel de mer, gros
- 1 cuillère à soupe Sucre
- 1 cuillère à soupe huile d'olive
- 6 cuillères à soupe Oignons frits, ou plus
- 1 cuillère à café Poivre, noir, grossièrement moulu
- 1 Pepperoni, haché, ou plus au goût

Préparation

1. Mettez d'abord l'eau (20-25°C) dans la machine puis ajoutez le reste des ingrédients.
2. Effectuez le réglage selon les informations fournies par le fabricant de la machine à pain.

⇒ Je l'ai toujours réglé sur une couleur normale et foncée.

135. Pain épicé de la machine à pain

- Temps de travail environ **30** min
- Durée totale environ **30** minutes
- Portion : **1**

Ingrédients

- 450g Farine (Type 405)
- 225g la farine de seigle
- 3 cuillères à soupe huile d'olive
- 1 paquet levure sèche
- 1½ cuillère à café Sel
- 300ml eau, peut-être un peu plus
- 20g Pepperoni, chaud
- 150g olives noires
- 2 Gousses d'ail

Préparation

1. Tamisez la farine dans un bol et placez-la dans la machine à pain avec l'huile d'olive, l'eau, le sel et la levure sèche. Coupez les poivrons en fines lamelles et mettez-les dans la machine avec les graines. Coupez les olives en quartiers et pressez les gousses d'ail et ajoutez-les aux autres ingrédients dans la machine à pain.

2. Sélectionnez un programme pour du pain normal. Donne environ 1000 à 1250 g de pain.

136. Pain de canneberge

- Temps de travail environ **5** min
- Durée totale environ **5** minutes
- Portion : **1**

- 300ml lait
- 2 cuillères à soupe beurre, liquide
- 1 cuillère à café Sel
- 1 cuillère à soupe Chéri
- 500g Farine, type 405
- 1 pincée Vanille, moulue
- ½ cuillère à café Cannelle
- 1 sac levure sèche
- 1 cuillère à soupe canneberges

Préparation

1. Mettez d'abord les ingrédients humides dans le BBA, puis les secs (TOUJOURS la levure en dernier)

2. Réglez sur " Gâteau à la levure" ou "Normal".

137. Délicieux pain rapide aux céréales végétales pour la machine à pain

- Temps de travail environ **15** min - Temps de cuisson/cuisson environ **3** heures
- Durée totale environ **3h15** minutes
- Portion : **1**

Ingrédients

- 300 grammes Courgettes, carottes ou potiron, peut-être 400 g
- 150ml Eau, jusqu'à 200 ml si nécessaire
- 500g farine de votre choix
- 2 Cuillères à thé Sel
- 1 cuillère à soupe Huile d'olive, éventuellement 2 cuillères à soupe
- 1 cuillère à café Sucre
- 1 pincée Piment en poudre ou paprika
- 50 grammes céréales, plus si nécessaire
- 50 grammes Graines de chia, plus si besoin
- 1 sac/s Levure sèche (7 g)

Préparation

1. Je prends tous les légumes qu'il y a et ajuste le liquide. Les courgettes, les carottes et la courge d'Hokkaido fonctionnent mieux. Couper les légumes (quantité 300 - 400 g dans la composition souhaitée) en gros morceaux et les réduire en pulpe dans un robot culinaire.
2. Étant donné que le liquide est d'abord versé dans la machine à pain, versez d'abord 150 à 200 ml d'eau à température ambiante dans le récipient. La quantité de liquide dépend de la fermeté des légumes. Par exemple plus de courgettes, moins d'eau, plus de carottes ou de potiron, plus de liquide, il faut essayer ça, ça varie aussi selon l'appareil. Le mien a toujours besoin d'un peu plus de liquide. Ajoutez ensuite 1 cuillère à soupe d'huile d'olive à l'eau et ajoutez la purée de légumes. Ajoutez maintenant le sel, car il ne doit pas frapper directement la levure.
3. Ajoutez 500 g de farine, par exemple de l'épeautre complet ou un mélange de farines d'épeautre, mais vous pouvez également utiliser de la farine de blé normale. Saupoudrer le sucre, la levure et le piment ou le paprika sur la farine.
4. Réglez le programme normal, quantité 500+300/400, bronzage moyen. Vérifiez dans le programme initial si la pâte a besoin d'une cuillère à soupe d'huile supplémentaire, elle doit "couler" un peu sur les côtés et il peut également être nécessaire d'ajouter de l'eau.
5. Lorsque la machine émet 10 bips, ajoutez les noyaux. Je mets toujours des graines de courge et de tournesol et comme une bonne quantité de graines de chia (très saines !), parfois des pignons de pin aussi, c'est 100 - 150 g selon la consistance de la pâte.
6. Lorsque le pain est prêt, badigeonnez-le de quelques gouttes d'huile d'olive.
7. Pour 3 personnes, comme ma famille, je dois le re-cuire tous les 2-3 jours car le pain est délicieux et se marie bien avec tout, même le Nutella.

138. Pain aux courgettes pour la machine à pain

- Temps de travail environ **10** min
- Durée totale environ **10** minutes
- Portion : **1**

Ingrédients

- 50ml eau, froid
- 500g Farine, type 550
- 300 grammes Courgettes, râpées
- 2 Cuillères à thé Sel
- 1 cuillère à café Sucre
- 1 pincée Poivre de Cayenne, juste une touche
- ¾ sac levure sèche
- 1 cuillère à café Ajouter l'huile d'olive lors du premier pétrissage
- 1 cuillère à café Huile d'olive, étalée sur le dessus du pain encore chaud

Préparation

1. Assurez-vous de placer les ingrédients dans le bac de la machine à pain dans l'ordre indiqué. Ne laissez pas les râpes à courgettes, mais mettez-les immédiatement dans la machine, sinon elles prélèveront du jus.

⇒ Sélectionnez sur le BBA :
⇒ Niveau de base = 2
⇒ Poids = 850 g
⇒ Brunissement = moyen
⇒ Ne gardez pas le pain au chaud une fois qu'il est terminé, mais sortez-le directement du BBA et badigeonnez-le avec 1 cuillère à café d'huile d'olive après quelques minutes.

139. Pain aux olives

- Temps de travail environ **15** min
- Durée totale environ **15** minutes
- Portion : **1**

Ingrédients

- 5 cuillères à soupe huile d'olive
- ⅛ litres eau, tiède
- 300 grammes Farine
- 1 pincée(s) Sucre
- 1½ cuillère à café Sel
- 25g levure fraîche
- 100g Olives, noires, dénoyautées et hachées finement
- 1 cuillère à soupe herbe de Provence

Préparation

⇒ Ajouter l'huile d'olive, l'eau, la farine, le sucre, le sel et la levure au BBA.
- Programme : Normal
- Brunissement : Léger

⇒ Après le 1er bip après le démarrage, ajoutez les olives et les herbes.

140. Pain à l'ail avec feta

- Temps de travail environ **15** min
- Durée totale environ **15** minutes
- Portion : **1**

Ingrédients

- 350ml Eau
- 1 cuillère à café vinaigre balsamique
- 1½ cuillère à soupe huile
- 500g Farine de blé, type 550
- 150g Farine de seigle, type 1150
- 1½ cuillère à café Sel
- 1 cuillère à café Sucre
- 1 paquet levure sèche

- 3 gousses d'ail hachées (ou plus)
- 100g Fromage feta aux herbes, coupé en dés
- 5 Olives, vertes, dénoyautées, hachées finement
- Poivron rouge, jaune et vert, en quart chacun, coupés en petits dés

Préparation

⇒ Ajouter l'eau, le vinaigre, l'huile, les deux farines, le sel, le sucre et la levure sèche au BBA.

- **Programme : Normal**
- **Brunissage : Moyen**

⇒ Après le 1er bip après le démarrage, ajouter les gousses d'ail, la feta, les olives et le paprika.

141. Pain à l'ail

- Temps de travail environ **15** min
- Durée totale environ **15** minutes
- Portion : **1**

Ingrédients

- 540g Farine
- ½ paquet levure (levure sèche)
- 1 œuf
- 12 Gousses d'ail

- 1 cuillère à soupe beurre
- 1 cuillère à café Sucre
- 1 cuillère à café Sel
- 250ml lait

Préparation

1. Blanchir 10 à 12 gousses d'ail. Maintenant, la peau peut être enlevée à merveille et les orteils sont un peu mous. Faites chauffer le lait dans une casserole et faites mijoter les clous de girofle épluchés dans le lait pendant 15 minutes.

2. Préparez au préalable tous les autres ingrédients dans la machine à pain. Mixez les clous de girofle avec le lait et ajoutez-les aux autres ingrédients. Démarrez le programme Set pâte. Pour moi, la pâte est prête après 1h50 h. Ensuite, je le sors, le façonne comme je veux ou en ai besoin et fais cuire au four à 180 degrés pendant environ 20-25 minutes.

3. Par exemple, je forme de petits rouleaux pour les soirées barbecue, si vous le souhaitez, vous pouvez également choisir une forme de baguette ou le faire cuire comme un gros pain, c'est toujours bon. Vous pouvez également mettre du gros sel sur le dessus de la pâte. Si vous aimez la forme normale, vous pouvez bien sûr faire le tout dans la machine à pain.

142. Pain de base

- ⏱ *Temps de travail environ **10** min - Temps de repos environ **2** heures*
- ⏱ *Durée totale environ **2h10** minutes*
- 🍽 *Portion : **1***

Ingrédients

- 225ml Eau
- 1 cuillère à soupe beurre
- 400g Farine
- 1 cuillère à café Sel
- 1 cuillère à café Sucre
- 2 cuillères à soupe graines de citrouille
- 2 cuillères à soupe graines de tournesol
- 1 sac levure sèche

Préparation

1. Placez tous les ingrédients dans l'ordre ci-dessus dans le bol et faites cuire comme du pain blanc ordinaire. Le montant est pour 500g de pain.

2. Je choisis toujours la croûte = foncée. Si vous ne faites pas le pain pendant la nuit à l'aide de la minuterie, vous pouvez mettre des graines sur la pâte après le programme de pâte.

143. Pain de quinoa complet

- ⏱ *Temps de travail environ **10** min - Temps de repos environ **2** heures*
- ⏱ *Durée totale environ **2h10** minutes*
- 🍽 *Portion : **4***

Ingrédients

- 150g farine d'épeautre (grain entier)
- 150g farine de blé (grain entier)
- 100g Farine de blé, type 1050
- 200g Farine de blé, type 550
- 2 cuillères à soupe huile
- 440ml Eau
- 1 cuillère à soupe Sucre
- 2 Cuillères à thé Sel
- 6 cuillères à soupe quinoa
- 1 cuillère à café levure sèche

Préparation

1. Ajouter d'abord les ingrédients liquides au BBA, puis le reste et la levure en dernier.

Programme normal, 750 g.

Astuce :
Le pain lève très bien, donc avec de petites machines il vaut mieux diviser par deux les quantités sur la liste des ingrédients.

144. Pain aux grains pour la machine à pain

*Temps de travail environ **10** min - Temps de cuisson/cuisson environ **3** heures*
*Durée totale environ **3h10** minutes - Portion : **1***

Ingrédients

- 500ml eau, tiède
- 4 cuillères à soupe Acéto balsamique
- 280g Farine d'épeautre type 1050
- 160g Farine de seigle type 1150
- 160g Farine de blé type 1050
- 11g Levure sèche, correspond à 1 1/2 sachets
- 2 Cuillères à thé Sel
- 120g Céréales, dont 20 g de graines de citrouille et 50 g de graines de lin et de graines de tournesol

Préparation

1. Verser l'eau et le vinaigre balsamique dans le moule du BBA. Mettez les différents types de farine sur le dessus. Ajouter enfin le sel et la levure. Sélectionnez le programme croûte foncée de 3 heures pour le BBA et ajoutez les grains après le bip.

145. Pain aux bananes / Gâteau aux bananes

*Temps de travail environ **10** min - Durée totale environ **10** min - Portion : **1***

Ingrédients

- 350g Farine
- 8 cuillères à soupe lait
- 4 m.- grand Banane(s), écrasée
- 100g beurre, mou
- 90g Sucre
- 2 œufs
- 1 paquet levure chimique
- 1 paquet sucre vanillé

Préparation

1. Mettre tous les ingrédients dans la machine à pain. Assurez-vous que les ingrédients liquides sont versés en premier. Réglez la sélection du programme sur "Rapide" (durée environ 1 heure 20 minutes).

146. Pain aux bananes avec levure

*Temps de travail environ **10** min - Durée totale environ **10** min - Portion : **1***

Ingrédients

- 350ml lait
- 550g farine (farine de blé)
- 5 cuillères à soupe Chéri
- ½ cuillère à café Sel
- 4 cuillères à soupe beurre
- 1 point sucre vanillé
- 3 gouttes Arôme Vanille Beurre
- 3 Bananes, mûre, taille moyenne, écrasée
- 1 point levure (levure sèche)
- 80g noix, moulues

Préparation

1. Mettre les ingrédients dans la machine à pain dans l'ordre ci-dessus. Ajouter les noix après le premier bip.

- J'ai fait cuire le pain sur le programme "Normal", couleur de croûte moyenne.
- A duré environ 3 heures et est délicieux !!!
- La quantité fait un pain de 750 g

147. Pain de seigle mixte 1

- Temps de travail environ **10** min - Temps de repos environ 3 heures
- Durée totale environ **3h10** minutes
- Portion : **1**

Ingrédients

- 300ml Eau
- 1 coup vinaigre, (gros coup)
- 1 coup huile (huile d'olive, gros trait)
- 2 Cuillères à thé sucre, brun
- 2 Cuillères à thé Sel
- 250g Farine (farine de seigle, type 1150)
- 280g Farine (farine de blé type 550)
- ½ cube levure fraîche

Préparation

1. Vous remplissez les ingrédients dans l'ordre qui se trouve dans les instructions générales (selon la machine à pain). Si vous n'avez pas beaucoup de temps ou d'envie, réglez simplement le programme "normal" et le bronzage "foncé" et laissez la machine fonctionner. Attention : selon l'environnement (vraiment vrai !) il faut regarder dans la machine après le premier pétrissage. La pâte doit être une boule élastique, pas trop serrée, qui se détache du bord et du fond du moule. Ajouter un peu d'eau ou de farine si nécessaire.

2. Vous obtenez un meilleur résultat si vous sortez la pâte après le dernier pétrissage, la tassez dans un petit panier et placez-la sur une couverture chauffante (niveau 3) pendant environ 1 heure. couvrir les tasses. Préchauffez le four à la chaleur la plus élevée (chaleur supérieure et inférieure). Ajoutez ensuite le pain et faites cuire environ 10 minutes à cette chaleur. Ensuite, descendez à 150°C et après 50 minutes supplémentaires, un bon pain est prêt.

148. Pain de seigle mixte 2

- Temps de travail environ **10** min - Durée totale environ 10 minutes
- Portion : **1**

Ingrédients

- 190ml Babeurre
- 60ml Eau
- 1 cuillère à soupe huile
- 35g levain, environ 2 cuillères à soupe
- 225g Farine (farine de blé type 1050)
- 225g Farine (farine de seigle type 1150)
- 1 cuillère à café levure sèche
- 1 cuillère à café Sel
- 1 cuillère à café Sucre

Préparation

1. Mettez tous les ingrédients dans la machine à pain les uns après les autres et réglez le programme sur "Normal". J'ai réglé le brunissement de la croûte sur "foncé".

2. La machine fait le reste. Après la cuisson, sortez immédiatement le pain du moule et laissez-le refroidir complètement.

- Donne un pain de 750 g.

149. Pain de seigle mixte au levain 1

*Temps de travail environ **10** min - Durée totale environ **10** min - Portion : **1***

Ingrédients

- 180g Farine (seigle, type 997)
- 1 cuillère à café huile
- 1 cuillère à café Sucre
- 2 Cuillères à thé Sel
- 1 cuillère à café Mélange d'épices pour pain
- 50 grammes Pâte (levain à base de seigle complet), séchée
- 1 cuillère à soupe Son comestible (son de blé)
- 320g Farine (épeautre, type 630)
- 400ml Eau
- 1 paquet levure (levure sèche)

Préparation

1. Mettre tous les ingrédients dans l'ordre dans le moule à pain de la machine à pain. Faire ensuite un petit puits dans la farine. La levure sèche est versée dans cette cavité. La machine à pain est maintenant allumée, avec le dorage «Moyen», le type de pain « XL » et le programme «Pleine valeur» (5 heures) sélectionnés.

150. Pain de seigle mixte au levain 2

*Temps de travail environ **5** min - Temps de cuisson/cuisson environ 3 heures **30** minutes - Durée totale environ **3h35** min - Portion : **1***

Ingrédients

- 270ml Eau
- 135g levain
- 240g Farine de seigle, grains entiers
- 150g Farine d'épeautre (Type 630)
- 180g Farine de blé (Type 550 ou supérieur)
- Paquet de 2 levures sèche
- 2 Cuillères à thé Sel
- 1 cuillère à café Sucre

Préparation

1. Mettre tous les ingrédients dans la machine les uns après les autres (selon les BBA, les liquides en premier). Sélectionnez le programme grains entiers et la taille "moyen" (1 kg). Bronzage à volonté, j'aime bien le noir. - Le pain lève à merveille et est très bon !

151. Pain de seigle

*Temps de travail environ **5** min - Durée totale environ **5** min - Portion : **5***

Ingrédients

- 300ml Eau
- 1½ cuillère à soupe beurre ou margarine
- 1 cuillère à café Sel
- 2 Cuillères à thé Sucre
- 180g la farine de seigle
- 360g Farine de blé, type 1050 (ou moitié grains entiers/moitié 405)
- 1 point levure sèche

Préparation

2. Remplissez simplement tous les ingrédients dans le moule à pain dans l'ordre indiqué ci-dessus. - Programme complet, réglage 750 g ou 1000 g.

⇒ Si vous voulez un 1250, faites simplement convertir les ingrédients en 7 portions.

152. Pain complet - Seigle - épeautre 1

- Temps de travail environ **10** min
- Durée totale environ **10** minutes
- Portion : **1**

Ingrédients

- 350ml eau, tiède
- 1 cuillère à soupe Sucre
- 1 cuillère à soupe sirop de betterave
- 1 cuillère à café Sel
- 300 grammes Farine de seigle (grain entier)
- 100g Farine d'épeautre, type 630
- 1 cuillère à café Naturellement acide, séché
- 1 cuillère à café levure sèche

Préparation

1. Mélanger l'eau tiède avec le sucre, le sirop de betterave et le sel et mettre dans la machine à pain. Versez ensuite les deux types de farine et saupoudrez de levure et de levain.

2. Le pain peut être cuit à la fois dans le programme normal et, si disponible, dans le programme pleine valeur.

3. Vous obtenez un pain complet juteux qui accompagne parfaitement les soupes en accompagnement, par exemple, ou constitue la base idéale pour les connaisseurs de garnitures de pain copieuses.

153. Pain complet seigle-épeautre de la machine à pain 2

- Temps de travail environ **5** min - Temps de cuisson/cuisson environ **50** minutes
- Durée totale environ **55** minutes
- Portion : **1**

Ingrédients

- 400g farine d'épeautre complète
- 150g farine de seigle complet
- 2 Cuillères à thé Sel
- 4 cuillères à café huile d'olive
- 1 paquet levure sèche
- 1 cuillère à café mélange d'épices à pain
- 500ml Eau

Préparation

1. Mettez tous les ingrédients dans la machine à pain et sélectionnez le programme 5 pour le pain complet

154. Pain de seigle complet 3

*Temps de travail environ **30** min - Durée totale environ 30 minutes*
*Portion : **6***

Ingrédients

- 200 g Farine (farine complète de seigle)
- 400g farine (farine de blé complet ou d'épeautre)
- 3 cuillères à café Sel
- 40g Levure
- 1 cuillère à café Sucre
- 450ml eau, tiède
- 150g Pâte (levain naturel)

Préparation

1. Bien mélanger la farine de seigle, la farine de blé et le sel. Dissolvez la levure dans 3 à 5 cuillères à soupe d'eau tiède et mélangez en une pâte avec 3 cuillères à soupe de farine de blé et de sucre. Laisser lever dans un endroit chaud pendant 10 minutes jusqu'à ce qu'ils soient boursouflés. Ajouter la levure, l'eau restante et le levain à la farine.
2. Faites fonctionner la machine à pain avec le programme approprié (la pâte doit lever).
3. Sans machine à pain, pétrir les ingrédients au robot culinaire pendant environ 10 minutes puis couvrir et laisser lever dans un endroit chaud pendant 15 minutes.
4. Diviser la pâte en deux morceaux, façonner les deux en un pain et marquer en diagonale avec un couteau. Couvrir et laisser lever à nouveau la pâte jusqu'à ce qu'elle ait doublé de volume. Badigeonner d'eau tiède et cuire au four préchauffé sur la grille du bas à 220°C pendant 45 minutes.

155. Pain complet - pain de semoule

*Temps de travail environ **35** min - Durée totale environ **35** minutes*
*Portion : **2***

Ingrédients

- 300ml eau, tiède
- 1 paquet levure (levure sèche)
- 4 cuillères à soupe huile d'olive
- 150g gruau de maïs
- 350g farine (farine de blé entier)
- 4 cuillères à soupe estragon
- 1 cuillère à soupe basilic
- ½ cuillère à café sel de mer

Préparation

1. Mettez d'abord la levure dans le récipient et versez dessus l'eau tiède. La levure sèche doit d'abord absorber le liquide et devenir un peu plus active, donc attendez une bonne demi-heure.
2. Ajoutez maintenant les ingrédients les uns après les autres : farine, basilic, estragon, huile d'olive, sel et semoule de maïs.
3. Réglez le distributeur sur du pain complet et 500 g de pain. C'était ça.

156. Délicieux pain complet seigle-épeautre au levain

🕐 *Temps de travail environ **10** min - Durée totale environ **10** minutes*
🍽 *Portion : **1***

Ingrédients

- 500ml Babeurre, éventuellement aussi moitié eau et moitié babeurre
- 200 g farine (farine d'épeautre complète)
- 210g Farine (farine complète de seigle)
- 100g Graines de lin - grain
- 80g flocons d'épeautre
- 100g Graines de tournesol ou graines de citrouille, facultatif
- 2 Cuillères à thé Sel
- 1 paquet Extrait de levain
- 1 cuillère à café Sucre
- 1 paquet levure sèche
- 50ml eau, tiède

Préparation

1. Mettre tous les ingrédients, sauf la levure sèche, dans l'ordre indiqué dans le moule de la machine à pain. Avant d'ajouter la levure sèche, mélangez-la avec 50 ml d'eau et 1 cuillère à café de sucre. Dès qu'il commence à mousser, il est actif et peut maintenant être ajouté comme dernier ingrédient.
2. Avec le programme grains entiers de votre machine à pain, ce pain délicieux, sain et sain est assuré de réussir ! Je le fais toujours cuire croustillant, c'est-à-dire avec une croûte foncée. Le pain est joli si vous saupoudrez quelques graines sur la surface après le dernier processus de pétrissage, c'est-à-dire avant la cuisson.

IMPORTANT : Si nécessaire, veuillez respecter les spécifications de votre machine à pain (par exemple concernant l'ordre des entrées).

157. Pain de seigle au levain

🕐 *Temps de travail environ **5** min - Temps de cuisson/cuisson environ **3** heures **25** minutes - Durée totale environ **3h30***
🍽 *Portion : **1***

Ingrédients

- 445ml eau, tiède
- 360g farine de seigle complet
- 120g farine d'épeautre complète
- 170g Farine d'épeautre type 630, alternativement 120 g de farine d'épeautre 630 + 50 g de semoule de seigle
- paquet Levain, liquide, pour 500 g de farine
- sac levure sèche
- c. sel ou au goût
- 1½ cuillère à soupe beurre
- 1 cuillère à café, filtrée sucre ou miel

Préparation

1. Mettre tous les ingrédients dans le plat de cuisson dans l'ordre.

Programme : Normal - Taille : 1100 g - Brunissage : normal

- Le pain ne lève pas trop, il devient un pain de seigle compact, moelleux et à pores fins.
- Aussi bon avec du salé qu'avec du sucré.

158. Pain de seigle au kéfir d'épeautre aux graines de lin et au levain de la machine à pain

- Temps de travail environ **10** min - Temps de cuisson/cuisson environ **3** heures
- Durée totale environ **3h10** minutes
- Portion : **4**

Ingrédients

- 240g Kéfir (kéfir de lait)
- 180g Levain, du boulanger ou fermenté vous-même
- 90g Farine de seigle type 997
- 270g Farine d'épeautre type 1050
- 8g Sel
- 4g Levure sèche, environ 1/2 sachet
- 30g graine de lin

Préparation

1. Mettez tous les ingrédients dans la machine à pain dans cet ordre précis. Donc d'abord les ingrédients liquides, puis la farine et enfin la levure sèche et les graines de lin.

2. Sélectionnez une quantité de pâte de 750 g dans le programme de cuisson normal et sélectionnez un niveau de dorage fort (durée totale env. 3 heures). La fonction de présélection de l'heure est également possible jusqu'à environ 12 heures. Ainsi, vous avez un pain de petit déjeuner merveilleusement parfumé, frais et croustillant lorsque vous vous levez le matin.

3. Si vous n'avez pas de levain frais disponible, utilisez encore 90 g de farine de seigle, 90 g d'eau et d'extrait de levain du supermarché ou du magasin d'aliments naturels et mélangez-le en une pâte.

159. Gâteau mixte au fromage blanc pour la machine à pain

- Temps de travail environ **15** min
- Durée totale environ **15** minutes
- Portion : **1**

Ingrédients

- 125g Faire fondre le beurre
- 250g Quark (20%)
- 3 œufs
- 1 bouteille Beurre saveur vanille ou saveur citron
- 200g Sucre
- Paquet de 2 sucre vanillé
- 75g Amande(s), moulue
- 350g farine de blé
- 1 paquet levure chimique

Préparation

1. Placer les ingrédients dans l'ordre dans la machine à pain. Programme : Gâteau (ou un autre programme de 3 heures).

2. Faites le test de la brochette en bois et enfournez encore quelques minutes si nécessaire.

160. Gâteau au citron de la machine à pain

- *Temps de travail environ **10** min - Temps de cuisson/cuisson environ **2** heures*
- *Durée totale environ **2h10** minutes*
- Portion : **1**

Ingrédients

- 4 œufs
- 2 cuillères à soupe jus de citron
- 100g Faire fondre le beurre
- 100g Sucre
- 1 paquet sucre vanillé
- cuillères à soupe zeste de citron
- 300 grammes Farine de blé type 405
- 1 paquet levure chimique

Préparation

1. Mettre tous les ingrédients dans la machine à pain dans l'ordre indiqué.
2. Réglez le programme "Gâteaux", 750 g, dorage moyen. Retirer les crochets pétrisseurs avant la cuisson.

161. Pain complet sans gluten de la machine à pain

- *Temps de travail environ **10** min*
- *Durée totale environ **10** min*
- Portion : **1**

Ingrédients

- 450ml eau, tiède
- 150g Sarrasin, moulu
- 100g Quinoa - ou farine d'amarante
- 100g Millet - flocons
- 100g farine (farine de châtaigne)
- 50 grammes farine de riz
- 50 grammes graine de lin
- 50 grammes graines de tournesol
- 2 Cuillères à thé gomme de guar ou agar-agar
- 1 cube Levure
- 1 cuillère à café sucre, marron
- 2 Cuillères à thé Crème de tartre ou bicarbonate de soude ordinaire
- ½ cuillère à café Sel

Préparation

⇒ Placez les ingrédients dans la machine à pain dans l'ordre indiqué. Déposer sur "pain complet" et enfourner.

162. Gâteau de levure de l'étain avec pudding et crumbles

- Temps de travail environ **30** min - Temps de repos environ **2** heures
- Durée totale environ **2h30** minutes
- Portion : **1**

Ingrédients

- 500g Farine
- 100g Sucre
- 250ml lait, tiède
- Sel
- 80g beurre
- 1 paquet Levure
- Paquet de 2 Pudding en poudre (arôme vanille)

Pour les vermicelles :

- 300 grammes Farine
- 150g Sucre
- Paquet de 2 sucre vanillé
- 200g beurre
- Cannelle
- 1 cuillère à café Chéri
- farine pour le plan de travail
- Peut-être. Graisse pour l'étain

Préparation

1. Mettez les ingrédients pour la pâte levée dans le BBA et sélectionnez le programme pâte. Retirer après le temps imparti (90 minutes) et étaler sur un plan de travail fariné. Placer sur une plaque à pâtisserie préparée et laisser lever à nouveau.

2. Préchauffer le four à 175°C. Préparez le pudding selon la notice mais seulement 750 ml au lieu de 1 l de lait Faites des crumbles avec le reste des ingrédients. Répartir uniformément le pudding sur la pâte et recouvrir de crumbles.

3. Cuire à mi-hauteur environ 30 minutes. Le gâteau est cuit lorsque les crumbles commencent à dorer. Le gâteau est également délicieux avec du pudding au chocolat.

163. Pain de Noël

- Temps de travail environ **5** min - Durée totale environ **5** min
- Portion : **1**

Ingrédients

- 125ml Eau
- 160ml lait
- 2 cuillères à soupe huile
- 2 Cuillères à thé Sel
- 4 cuillères à soupe Sucre
- 60g noix, hachées
- 60g Fruits, séchés, coupés en petits morceaux (par exemple prunes)
- 350g Farine (Type 1050)
- paquet levure (levure sèche)

Préparation

1. Ajouter les ingrédients au BBA un par un, en commençant toujours par les liquides.

2. Sélectionner la sélection de programme pour "pain sucré" ou "pain normal".

164. Pain de blé nature

- Temps de travail environ **5** min
- Durée totale environ **5** minutes
- Portion : **1**

Ingrédients

- 500g farine de blé
- 1 paquet levure sèche
- 1 cuillère à café, filtrée sucre, brun
- 1 cuillère à café, filtrée sel de mer
- 150ml Eau
- 150ml lait

Préparation

1. Mettez tous les ingrédients dans la machine à pain les uns après les autres et faites cuire avec le programme "rapide", degré de dorage "léger", taille du pain "moyen". La cassonade donne au pain une légère note de caramel.

165. Pain de blé entier

- Temps de travail environ **30** min - Temps de repos environ **2** heures
- Temps de cuisson/cuisson environ **50** min - Durée totale environ **3h20** min
- Portion : **1**

Ingrédients

- 175g Farine de blé, moyennement grossière
- 250g Farine de blé, fine, fraîchement moulue
- 1 paquet levure sèche
- 1 cuillère à café sucre de canne
- 2 Cuillères à thé Sel
- 3 cuillères à soupe Huile de colza ou autre huile
- 200ml eau, tiède
- 2 cuillères à soupe herbes de Provence

Préparation

1. Bien mélanger tous les ingrédients secs (sauf les herbes) dans un bol. Ajouter ensuite l'huile et l'eau. La moitié de l'eau d'abord, puis plus par gorgées pour créer une pâte lisse.
2. J'aime pétrir avec mes mains, mais bien sûr, vous pouvez aussi utiliser un mélangeur. Le tout prend environ 5 minutes et à la fin, les herbes sont mélangées et bien pétries. Si vous les mettez dès le début, j'ai constaté que le pain devient alors plus sec.
3. Maintenant, la pâte est protégée des courants d'air, recouverte d'une serviette, laissée à lever jusqu'à ce qu'elle ait augmenté de taille. Cela peut prendre 1 à 1,5 heures.
4. Je l'ai aussi laissé lever au frigo. Mais alors du jour au lendemain. C'était le même bon résultat. Si vous souhaitez le laisser au réfrigérateur pendant la nuit (boîte avec couvercle), veuillez le sortir environ 1 heure avant la poursuite du traitement afin qu'il puisse s'habituer à la température ambiante.
5. "Pétrissez" à nouveau brièvement, mais pas trop longtemps, pour qu'il reste bien mousseux, puis mettez-le dans un moule et laissez-le à nouveau couvert jusqu'à ce qu'il soit gonflé.
6. Préchauffez le four à environ 200 °C (chaleur de voûte/de sole), le temps de cuisson est d'environ 50 minutes. Veuillez vérifier après environ 35 à 40 minutes si le pain est prêt (certains fours sont plus rapides).

166. Yaourt - Pain Nutella

- ⏱ *Temps de travail environ **10** min - Temps de repos environ **3** heures*
- ⏱ *Durée totale environ **3h10** minutes*
- 🍽 *Portion : **1***

Ingrédients

- 100ml lait, tiède
- 100g Yaourt (nature ou aux noix)
- 150g Nutella
- 1 cuillère à soupe Beurre, fondu ou huile de cuisson
- 5 cuillères à soupe Sucre
- 500g Farine
- 1 paquet levure sèche
- 1 cuillère à café, filtrée Sel

Préparation

1. Verser les ingrédients dans le plat allant au four comme indiqué ci-dessus.
2. D'abord les liquides puis les solides.
3. Réglez le BBA sur normal (2,5 à 3 heures)
4. Laissez-le refroidir après la cuisson, c'est fait.
- Mes enfants l'aiment beaucoup, bien qu'ils ne soient pas vraiment des mangeurs de pain.

167. Pain protéiné pour la machine à pain

- ⏱ *Temps de travail environ **3** min - Temps de cuisson/cuisson environ **2** heures **10** minutes*
- ⏱ *Durée totale environ **2h13** minutes*
- 🍽 *Portion : **1***

Ingrédients

- 250g Quark
- 4 œufs (taille L)
- 1 cuillère à café Sel
- 4 cuillères à soupe son (son de blé)
- 1 paquet levure chimique
- 100g Graines de lin, entières ou moulues
- 30g Son (épeautre ou son d'avoine)

Préparation

1. Mettez d'abord le fromage blanc, puis les œufs, le sel, la levure chimique, le son et les graines de lin dans le plat et mélangez bien. Enfournez ensuite le moule dans la machine à pain et dans le programme normal (le mien dure 2h10).
2. Assez pour 4 jours avec 2 disques par jour. Je le garde au frigo. Il est également délicieux lorsqu'il est grillé.
3. Vous pouvez également ajouter du cumin etc. ou des grains (env. 10 - 20 g) ou des carottes râpées. Il n'y a presque pas de limites à l'imagination.

168. Pain protéiné pour la machine à pain

- *Temps de travail environ **5** min - Temps de cuisson/cuisson environ **30** minutes*
- *Durée totale environ **35** minutes*
- Portion : **1**

Ingrédients

- 300 grammes quark allégé
- 4 m. Grand œufs
- 70g Graines de lin, broyées
- 4 cuillères à soupe, bombées son d'épeautre
- 2 cuillères à soupe, bombées farine d'épeautre
- 50 grammes Amande, moulue
- 180g gluten
- 1 cube Levure
- 1 cuillère à café, bombée Sel
- 1 cuillère à café, bombée Mélange d'épices à pain, finement moulu
- 120ml Eau
- 1 cuillère à café bouillon de légumes

Préparation

1. Mettez tous les ingrédients dans le bol de la machine à pain et réglez le programme sur pain complet.

Remarque : étant donné que la teneur en cadmium des graines de lin est relativement élevée, le Centre fédéral de nutrition recommande de ne pas consommer plus de 20 g de graines de lin par jour. La consommation quotidienne de pain doit être divisée en conséquence.

169. Pain aux graines de citrouille pour la machine à pain (BBA)

- Temps de travail environ **5** min
- Durée totale environ **5** minutes
- Portion : **1**

Ingrédients

- 380ml Eau
- 500g Farine (Type 405)
- 2 Cuillères à thé Sel
- 50 grammes graines de citrouille
- 1 paquet levure (levure sèche)

Préparation

1. Placez les ingrédients dans le BBA dans l'ordre indiqué. Lancez ensuite le programme de base.
2. J'ai un appareil Aldi et je règle également la taille du pain sur petit (pour un pain de 750 g) et le degré de brunissement sur clair.
3. Conseil : peut également être cuit avec une minuterie.
4. Le pain est super délicieux avec des garnitures salées et sucrées. Un de nos pains préférés du BBA.

170. Pain aux graines pour la machine à pain

- Temps de travail environ **5** min
- Durée totale environ **5** minutes
- Portion : **1**

Ingrédients

- 380ml eau (chaude
- 500g Farine (Type 405)
- 2 Cuillères à thé Sel
- 20g Soja, (graines de soja), rôties
- 10g Sésame, non pelé
- 20g graines de tournesol
- 10g pignons de pin
- 10g Bâtonnets d'amandes blanchies
- 1 paquet Levure
- 50ml lait, froid

Préparation

1. Mettez l'eau tiède, la farine, le sel, les graines de soja, le sésame, les graines de tournesol, les pignons de pin, les amandes et la levure dans la machine à pain.
2. Réglez le programme sur 750 grammes, brunissement moyen et démarrez. Au bout d'environ 30 minutes, ajouter le lait. Comme d'habitude, retirer les crochets pétrisseurs juste avant la cuisson. Temps de cuisson avec mon robot pâtissier : 193 minutes + 60 minutes de post-chauffe.
3. Vous pouvez également utiliser des amandes hachées. Nous avons essayé les deux et avons finalement opté pour les bâtonnets d'amandes blanchies.

171. Pain aux graines de pivot

- ⏱ *Temps de travail environ **5** min*
- ⏱ *Durée totale environ **5** minutes*
- 🍽 *Portion : **1***

Ingrédients

- 375ml Eau
- 500g Farine (farine de blé type 550)
- 75g gruau de maïs
- 1 cuillère à café Sucre
- 1 cuillère à café Sel
- 50 grammes Graines de pavot, entières ou moulues
- 15g beurre
- 1 pincée Muscade, râpé
- 1 cuillère à soupe Parmesan
- ¾ paquet levure (levure sèche)

préparation

1. Mettez les ingrédients dans la machine à pain et faites cuire.

Astuce : Avant la dernière levée, ouvrez brièvement le couvercle de l'appareil, badigeonnez la pâte d'un peu d'eau et saupoudrez de graines de pavot que vous tapotez délicatement avec la main.

172. Pain aux graines de lin

- ⏱ *Temps de travail environ **10** min*
- ⏱ *Durée totale environ **10** minutes*
- 🍽 *Portion : **4***

Ingrédients

- 330ml Eau
- 2½ cuillères à café Sel
- 2½ cuillères à soupe huile
- ½ cuillère à café Mélange d'épices (épices à pain)
- 90g graine de lin
- 180g farine de blé (grain entier)
- 210g Farine de blé (type 1050, alternativement type 405)
- 150g Flocons d'avoine ou flocons de six grains
- 1 ¾ cuillère à soupe Levain - Granulés
- 1 paquet levure sèche
- 1 cuillère à café levure chimique si besoin

Préparation

1. Versez simplement tous les ingrédients dans le moule à pain dans l'ordre indiqué ci-dessus.

Réglage : programme normal, 1000 g.

⇒ Les ingrédients sont entrés pour un pain de 1000 g. Si vous voulez un pain de 750 g, convertissez simplement les ingrédients en 3 portions et un pain de 1250 g en 5 portions.

173. Pain à la citrouille 1

- Temps de travail environ **30** min
- Durée totale environ **30** min
- Portion : **1**

Ingrédients

- 500g chair de citrouille
- 540g   Farine, type 550
- 1 cuillère à café Sel
- 1 pincée Sucre
- 1 pincée Muscade, râpé
- 50 grammes   graines de citrouille
- 1 paquet levure sèche

Préparation

1. Couper la chair de potiron en dés, cuire à l'eau salée, égoutter, puis peser, conserver le liquide de cuisson et l'ajouter après le premier pétrissage si la pâte est trop ferme.

2. Placer la chair de citrouille et le reste des ingrédients dans le moule et préparer à l'aide de la machine à pain selon les instructions du fabricant.

174. Pain à la citrouille 2

- Temps de travail environ **20** min - Temps de repos environ **30** minutes
- Temps de cuisson/cuisson environ **40** minutes - Durée totale environ **1h30** minutes
- Portion : **1**

Ingrédients

- 500g   Farine
- 400g   Chair de citrouille (Hokkaido), cuite avec la peau jusqu'à ce qu'elle soit tendre
- 1 cube Levure ou 1 sachet de levure sèche
- pincée Sel
- 75g Sucre
- 1 paquet sucre vanillé
- 3 cuillères à soupe huile

Préparation

1. Pétrir d'abord tous les ingrédients en une pâte. Laisser lever la pâte pendant 30 minutes.

2. Préchauffer le four à 190°C (chaleur voûte et sole). Façonner la pâte en un pain et enfourner pour 40 minutes.

175. Pain à grains multiples

- ⏱ *Temps de travail environ **5** min*
- ⏱ *Durée totale environ **5** min*
- 🍽 *Portion : **1***

Ingrédients

- 300 grammes Farine de blé, type 1050
- 200g farine d'épeautre (grain entier)
- 100g la farine de seigle
- 75g Graines et graines oléagineuses (par exemple sésame, graines de lin, graines de tournesol, graines de citrouille)
- 500ml Babeurre
- 2 cuillères à soupe huile de colza ou huile de tournesol
- 2 Cuillères à thé Sel
- 3 cuillères à soupe Sucre
- 1 paquet levure sèche

Préparation

1. Peser la farine et mélanger dans un bol avec le sel, le sucre et les céréales. Mettre le babeurre dans un récipient adapté et chauffer au micro-ondes à 750 watts pendant 2 minutes. Incorporez ensuite l'huile et versez d'abord le mélange dans le moule de la machine, puis ajoutez le mélange de farine et enfin la levure au milieu.
2. Démarrez l'appareil (programme : pain normal, rapide, 1000 g).

176. Pain aux graines de pavot à la crème sure

- ⏱ *Temps de travail environ **10** min*
- ⏱ *Durée totale environ **10** min*
- 🍽 *Portion : **1***

Ingrédients

- ½ tasse Fromage crème fraîche
- ⅛ litres Eau
- 1 grand œuf
- 1 cuillère à soupe beurre
- 1 cuillère à café Sel
- 4 cuillères à soupe Sucre
- 3 tasses farine (farine de blé)
- ½ cuillère à café Coquelicot
- 1 paquet levure (levure sèche)

Préparation

⇒ Mettre tous les ingrédients dans l'ordre dans la machine à pain.
- Programme : normal
- Bronzage : léger

177. Bagels à la citrouille

- ⏱ *Temps de travail environ **40** min*
- ⏱ *Durée totale environ **40** min*
- 🍽 *Portion : **1***

Ingrédients

- ½ tasse eau, tiède
- 3 tasses Farine
- 3 cuillères à soupe sucre, brun
- ½ tasse Chair de potiron, en purée
- ½ cube Levure
- 1 pincée Sel
- 1 cuillère à café Cannelle
- noix de muscade, piment de la Jamaïque
- 250ml Eau
- 1 cuillère à soupe Sucre
- 1 œuf
- quelque chose semoule de maïs

Préparation

1. Versez une demi-tasse d'eau tiède avec de la farine, du sucre, de la pulpe de citrouille, de la levure, du sel, de la cannelle, de la noix de muscade et un peu de piment dans le récipient de la machine à pain, sélectionnez le programme pâte et laissez lever environ 30 minutes.

2. Retirer la pâte de la machine à pain et la diviser en huit morceaux. Roulez en petites boules et enfoncez le centre avec votre pouce, en agrandissant soigneusement la dépression jusqu'à ce qu'elle ressemble à un bagel. Couvrir et laisser lever les bagels jusqu'à ce qu'ils aient doublé de volume.

3. Porter à ébullition 250 ml d'eau avec 1 cuillère à soupe de sucre. Placer 2-3 bagels à la fois dans l'eau bouillante, cuire une demi-minute de chaque côté, égoutter brièvement sur une grille, badigeonner d'œuf battu et déposer sur une plaque à pâtisserie saupoudrée de semoule de maïs.

4. Cuire à 200° pendant environ 15 minutes.

178. Pain complet Emmer rustique pour la machine à pain

- Temps de travail environ **10** min - Temps de repos environ **1h**
- Temps de cuisson/cuisson environ **4** heures - Durée totale environ **5h10** minutes
- Portion : **1**

Ingrédients

- 250g Babeurre
- 250g Eau
- 20g Chéri
- 1 cuillère à soupe, bombée Sel
- 1 pincée Noix de muscade, fraîchement râpée
- 25g Levain de seigle, séché
- 350g farine complète d'amidonnier
- 200g Farine d'épeautre type 630
- 1½ cuillère à café levure sèche
- 50 grammes Mélange de graines de laitue

Préparation

1. Verser les ingrédients dans la machine à pain dans l'ordre indiqué.

Programmer la machine à pain :
- Programme normal (ou complet)
- Taille L
- Croute foncée (au choix)

179. Pain sans gluten dans la machine à pain

- Temps de travail environ **10** min - Temps de cuisson/cuisson environ **3** heures **30** minutes - Durée totale environ **3h40** minutes
- Portion : **1**

Ingrédients

- 450ml Eau
- 200g Farine de sarrasin
- 150g flocons de millet
- 100g farine de pomme de terre
- 1 cuillère à soupe huile
- ¾ cuillère à café levure sèche
- 2 cuillères à soupe sirop
- 1 cuillère à café Sel
- 50 grammes Graines de lin, broyées
- 3 cuillères à soupe Eau
- 50 grammes Graines de lin, grains entiers
- 50 grammes sésame
- 50 grammes graines de tournesol
- quelque chose coriandre
- quelque chose cumin

Préparation

1. Mettez trois cuillères à soupe d'eau sur les graines de lin moulues et laissez-les tremper brièvement.
2. Versez l'eau dans le moule à pain. Ajoutez ensuite le sarrasin, le millet et la farine de pomme de terre. Ajouter la levure et le sirop. Le sucre peut également être utilisé à la place du sirop. Incorporer les ingrédients restants.
3. Placez le moule à pain dans la machine à pain et faites cuire environ 3,5 heures avec le programme pour un petit pain complet.

180. Pain sans gluten sans mélanges de farine prêts à l'emploi

*Temps de travail environ **15** min - Temps de cuisson/cuisson environ **3** heures **55** minutes - Durée totale environ **4h10** minutes*

Portion : **1**

Ingrédients

- 300 grammes Farine de riz à base de riz basmati, moulue par vous-même
- 200g   Farine de sarrasin
- 1 cuillère à soupe gomme de guar ou gomme de caroube
- 1 paquet levure sèche
- 1 cuillère à soupe Graines de chia
- 1 cuillère à soupe Flocons (flocons de sarrasin)
- 1 cuillère à soupe noyaux, par ex. B. graines de tournesol, de sésame, de lin, ...
- 2 cuillères à soupe cosses de psyllium
- 2 cuillères à soupe Amarante soufflée
- quelque chose graines de carvi
- 1 cuillère à café Sel
- 1 cuillère à soupe Sucre
- 550ml Eau
- 2 cuillères à soupe l'huile de colza
- 1 cuillère à café vinaigre de cognac

Préparation

1. Pour le préparer en machine à pain (recommandé), mettre le riz basmati blanc dans le moulin à grain et le broyer finement. Ajouter le reste des ingrédients, un à la fois, sauf les liquides. Bien mélanger le mélange de farine avec un fouet. Versez les liquides dans le moule de la machine à pain.

2. Verser le mélange de farine sur les liquides dans le moule de la machine à pain. Mélangez-les avec une spatule pour créer une pâte homogène. Cuire à la machine à pain avec le programme "Pain Complet".

3. Pour la préparation classique au four (plus compliquée et longue), mélanger la levure et le sucre avec l'eau et laisser reposer. Pendant ce temps, préparez le mélange de farine comme ci-dessus. Bien pétrir ensuite avec l'eau, la levure, le vinaigre et l'huile.

4. Verser la pâte dans un moule à cake ou en céramique et couvrir d'un linge humide. Laisser lever au four à 45 °C pendant environ 30 à 40 minutes. Cuire ensuite à 200 °C pendant environ 50 à 60 minutes. Laissez le pain refroidir légèrement sur la grille métallique.

5. Étant donné que je n'utilise que moi-même la machine à pain, je vous recommande de rechercher des instructions de préparation plus détaillées en ligne si vous avez peu ou pas d'expérience avec la cuisson du pain classique.

6. Pour moi, le gros avantage de la machine à pain c'est que je peux mettre du pain plusieurs fois dans la semaine sans trop d'effort le soir et avoir du pain frais sans gluten le lendemain matin.

181. Pain aux céréales sans gluten

*Temps de travail environ **10** min - Durée totale environ 10 minutes*
Portion : 1

Ingrédients

- 125g Farine (mélange de farine GF), rustique
- 25g farine de pomme de terre
- 30g Sarrasin, moulu
- 60g Noisettes moulues
- 200ml Babeurre
- 30ml lait
- 1 cuillère à soupe sucre, brun
- 1 cuillère à café Sel
- 2 cuillères à soupe huile d'olive
- 4g levure sèche
- graines de tournesol
- graines de citrouille

Préparation

1. Mélangez toutes les farines, les noisettes, le sucre, le sel et la levure. Mélanger le babeurre avec le lait et chauffer légèrement (tiède, passe bien au micro-ondes). Ajouter le mélange babeurre-lait chaud au mélange de farine et ajouter l'huile d'olive. Remuer brièvement et verser dans la machine à pain. (Programme : rapide, couleur : sombre). Ajoutez les graines (si vous le souhaitez) après le premier processus de pétrissage.

2. Je l'aime généralement un peu plus foncé et je le fais cuire au four à 200 ° C pendant environ 10 à 15 minutes, ce qui donne une belle croûte.

3. Ce pain a finalement un goût presque "normal" et cela avec relativement peu d'effort et à faible coût.

182. Pain aux céréales au babeurre

*Temps de travail environ **5** min - Temps de cuisson/cuisson environ **3** heures*
*Durée totale environ **3h5** minutes - Portion : 1*

Ingrédients

- 240g Farine de seigle (Type 1150)
- 250 g Farine de Blé (Type 550)
- 500ml Babeurre
- 1 cuillère à soupe Vinaigre
- 1 cuillère à café Sel
- 1 paquet levure sèche
- 120g Noyaux (tournesol, potiron, pignons, sésame et graines de lin)

Préparation

1. Versez le babeurre et le vinaigre dans le moule. Ajoutez ensuite la farine, la levure, le sel et les graines.

2. Sélectionnez le programme "Normal" (env. 3 heures) et le degré de dorage "Moyen".

183. Pain d'épeautre – Sarrasin

- *Temps de travail environ **20** min - Temps de repos environ **1h***
- *Durée totale environ **1h20** minutes - Portion : **1***

Ingrédients

- 200g sarrasin
- 800g Orthographié
- 3 cuillères à café Sel
- 800ml eau filtrée
- 1 paquet levure (levure sèche)
- 1 tasse/s graine de lin

Préparation

1. Activez la levure dans de l'eau tiède (jusqu'à ce qu'elle mousse légèrement). Ensuite, mélangez bien tous les ingrédients ou transformez-les dans la machine à pain (position pain complet). Pour ceux qui n'ont pas de machine à pain, laissez d'abord lever la pâte pendant 1/2 heure, puis pétrissez bien à nouveau et laissez lever encore 1/2 heure. Mettre la pâte dans un moule à cake graissé d'huile d'olive. Cuire au four (préchauffé à 180 degrés) pendant environ 50 minutes. Complet.

184. Pain aux cerises de la Forêt-Noire

- *Temps de travail environ **5** min - Temps de cuisson/cuisson environ **3** heures **30** minutes*
- *Durée totale environ **3h35** minutes - Portion : **1***

Ingrédients

- 340ml Eau
- 1 cuillère à café Sel
- 4 cuillères à soupe confiture, (griotte)
- 40g amandes effilées
- 3 cuillères à soupe PEPITES de chocolat
- 2 cuillères à soupe kirsch
- 50 grammes beurre
- 450g Farine de blé, type 550
- 1½ cuillère à café Levure

Préparation

⇒ Verser les ingrédients dans le plat allant au four dans l'ordre. Programme "Normal" ou "Pain Complet".
- Le pain est sucré et se marie bien avec des pâtes à tartiner sucrées ou tout simplement avec du beurre ou du fromage à la crème.

185. Pain aux cacahuètes pour la machine à pain

- Temps de travail environ **10** min
- Durée totale environ **10** minutes
- Portion : **1**

Ingrédients

- 330g Eau
- 300 grammes Arachides, salées
- 50 grammes huile végétale
- 15g sauce soja
- 10g Sucre
- 500g Farine, type 505
- 7g levure sèche

Préparation

1. Broyez les cacahuètes finement ou grossièrement au mixeur, selon votre préférence. Mettez tous les ingrédients dans la machine à pain l'un après l'autre et sélectionnez un programme de cuisson d'environ 2,5 heures.

Astuce :
Le pain peut également être cuit au four normal dans le moule à pain.

186. Egg ring ou egg roll pour la machine à pain

- Temps de travail environ **20** min - Temps de repos environ **2** heures
- Durée totale environ **2h20** minutes
- Portion : **4**

Ingrédients

- 250g lait
- 65g Le beurre, mou, l'huile végétale marche aussi
- 12g Sel
- 10g Sucre
- 500g Farine, type 505
- 7g levure sèche
- Graisse pour l'étain
- beurre, pour badigeonner

Préparation

1. Mettez tous les ingrédients dans le BBA les uns après les autres et sélectionnez le programme Pâte. Bien sûr, la pâte à levure peut également être préparée avec n'importe quel autre robot culinaire ou à la main.

2. L'anneau d'œuf peut être en forme de croissant ou d'anneau, dentelé ou lisse à l'extérieur.

3. Une fois la pâte reposée, elle est coupée et roulée en bandes d'environ 20 cm de long, en appuyant en deux dans le sens de la longueur au milieu avec le manche d'une cuillère en bois. Utilisez des ciseaux pour denteler l'extérieur de la pâte, placez-la dans une forme courbe ou arrondie sur une plaque à pâtisserie graissée. Badigeonnez de beurre fondu et arrosez d'eau avant cuisson (pulvérisateur fleur) et enfournez à 250°C pendant 10-15 minutes. Après la cuisson, humidifiez à nouveau avec le pulvérisateur à fleurs, cela donnera un bel éclat aux rondelles d'œufs.

187. Pain d'épeautre mélangé pour la machine à pain

- ⏱ Temps de travail environ **10** min - Temps de repos environ **5** heures
- ⏱ Durée totale environ **5h10** minutes
- 🍽 Portion : **4**

Ingrédients

- 180g Farine (épeautre - farine complète)
- 1 cuillère à café Sucre
- 1 Cuillères à thé Sel
- 1 cuillère à café Mélange d'épices (épices à pain)
- 50 grammes Naturellement acide (levain de seigle complet), séché
- 1 cuillère à soupe sésame
- 2 cuillères à soupe Millet
- 2 cuillères à soupe graine de lin
- 1 cuillère à soupe Son comestible (son d'épeautre)
- 320g Farine (épeautre), type 630
- 400ml Eau
- 1 sac/s Levure (levure sèche pour 500 g de farine de blé)

Préparation

1. Versez tous les ingrédients dans le bac à pain de la machine à pain dans l'ordre (1er – 11ème). Faire ensuite un petit puits dans la farine. La levure sèche est versée dans cette cavité. Ajouter enfin l'eau. La machine à pain est maintenant allumée, avec le dorage « Medium », le type de pain « XL » et le programme « Full Value » (5 heures) sélectionnés.

Remarque : Le sésame, le millet doré ou les graines de lin peuvent par ex. B. être remplacées par des graines de tournesol.

188. Pain d'épeautre complet aux cacahuètes pour la machine à pain

- ⏱ Temps de travail environ **10** min - Temps de cuisson/cuisson environ **3** heures **35** minutes
- ⏱ Durée totale environ **3h45** minutes
- 🍽 Portion : **1**

Ingrédients

- 300 grammes Yaourt nature
- 200ml eau, tiède
- 600g farine d'épeautre complète
- 1 sac levure sèche
- 2 Cuillères à thé Sel
- 1 cuillère à soupe Chéri
- 1 cuillère à café Cumin, plus si vous aimez
- ½ cuillère à café Gingembre en poudre ou frais
- 150g cacahuètes

Préparation

1. Placer les ingrédients, à l'exception des cacahuètes, dans le plat de cuisson du BBA dans l'ordre.

- Réglage : Grains entiers
- Brunissement : Normal

2. Hachez grossièrement les cacahuètes et ajoutez-les au bip.

- Donne un pain d'environ 1,250 kg.

Astuce : Si vous n'avez pas de yaourt, utilisez plutôt 300 ml de lait tiède et ajoutez 3 cuillères à soupe de vinaigre de fruits.

189. Cacahuète - Chocolat – Pain

- ⏱ *Temps de travail environ **5** min*
- ⏱ *Durée totale environ **5** minutes*
- 🍽 *Portion : **1***

Ingrédients

- 150ml Eau
- 100ml lait (lait entier)
- 300 grammes Farine de Blé (Type 550)
- 150g   Farine de blé (Type 405)
- 50 grammes Cacahuètes, non salées, moulues
- 50 grammes beurre d'arachide
- 2 m. Large œufs
- 7½g   Sel
- 30g   Sucre
- 1½ cuillère à café   levure sèche
- 1½ cuillère à soupe cacao
- 50 grammes Chocolat, haché grossièrement
- 50 grammes Cacahuètes, non salées, hachées grossièrement

Préparation

1. Mettre les 10 premiers ingrédients dans la machine à pain dans l'ordre indiqué. Programme : Basique ou Normal et dorer légèrement
2. Après le bip, ajouter le cacao, le chocolat et les cacahuètes concassées. Attendez maintenant que le programme soit terminé, sortez-le et profitez-en.

190. Pain d'avoine pour la machine à pain

- ⏱ *Temps de travail environ **10** min*
- ⏱ *Durée totale environ **10** minutes*
- 🍽 *Portion : **1***

Ingrédients

- 300ml Eau
- 1½ cuillère à soupe beurre ou margarine
- 1 cuillère à café Sel
- 2 cuillères à soupe sucre, brun
- 75g gruau
- 450g farine (blé)
- 1 paquet levure (levure sèche)

Préparation

1. Remplissez dans l'ordre. Sélectionnez le programme de base pour jusqu'à 1000 g de pain.

- Je fais toujours mes flocons d'avoine frais.
- Vous pouvez également ajouter du sésame ou des graines de lin.

191. Pain au fromage frais pour la machine à pain

- Temps de travail environ **10** min - Temps de repos environ **3** heures
- Durée totale environ **3h10** minutes
- Portion : **1**

Ingrédients

- 130ml lait
- 20g beurre
- 1 œuf
- 1 cuillère à café Sucre
- ½ cuillère à café Sel
- 100g fromage à la crème au goût
- 330g Farine, type 550
- ½ point levure sèche

Préparation

1. Mesurez précisément tous les ingrédients et placez-les dans la machine à pain dans l'ordre ci-dessus, c'est important !

2. Le programme de base cuit pendant 2h30 à 3h, le niveau 1 pour un petit pain, dorer foncé ou le programme rapide pendant 1h30.

192. Pain d'épeautre complet pour la machine à pain

- Temps de travail environ **10** min
- Temps de cuisson/cuisson environ **3** heures **15** minutes - Durée totale environ **3h25** minutes
- Portion : **1**

Ingrédients

- 1 m.- large Patates
- 300ml Babeurre
- 1 cuillère à soupe huile d'olive
- 1 cuillère à café Sel
- 1 cuillère à soupe sirop d'érable ou sirop d'agave
- 240g farine d'épeautre complète
- 240g farine d'épeautre
- 1 paquet levure sèche

Préparation

1. À l'aide d'une râpe fine, râpez la pomme de terre crue dans le moule à pain. La pomme de terre empêche le pain de devenir trop sec et friable. Mettez ensuite tous les ingrédients dans le moule comme indiqué.

Un petit conseil :
- j'utilise toujours de la farine d'épeautre de type 1050. Plus le numéro de type est élevé, plus il y a de composants de coque et plus il y a de vitamines, de minéraux et de fibres dans la farine. Cependant, selon le nombre de types, la consistance de votre pain peut changer, vous devrez peut-être ajouter un peu plus de farine ou de liquide.
- Programmez la machine à pain comme d'habitude. Je fais toujours cuire mes pains à feu moyen.

193. Pain complet pour la machine à pain

- ⏱ *Temps de travail environ **10** min*
- ⏱ *Durée totale environ **10** minutes*
- 🍽 *Portion : **1***

Ingrédients

- 500ml Babeurre
- 125g grain de seigle
- 125g farine de blé (grain entier)
- 50 grammes farine d'épeautre (grain entier)
- 50 grammes Farine de blé, type 405
- 250 g Farine de blé, type 1050
- 1 cube Levure
- 1 cuillère à café sucre, brun
- 2 cuillères à soupe feuilles de betterave
- 1 cuillère à café, bombée Sel
- 75g graines de tournesol
- 50 grammes graine de lin
- 50 grammes gruau

préparation

1. Délayer la levure avec la cassonade dans le babeurre et ajouter au BBA. Ajouter la farine, le sel et les feuilles de navet. Enfin les céréales.

2. Sélectionnez le programme "grains entiers" dans le BBA, niveau II et croûte "foncée". (Durée environ 3,5 heures).

⇒ C'est une recette très souple car les types de farine et la composition des grains sont très variables. La façon dont tout le monde l'aime le mieux.

194. Pain de Pâques portugais sucré pour la machine à pain 1

- ⏱ *Temps de travail environ **10** min*
- ⏱ *Durée totale environ **10** minutes*
- 🍽 *Portion : **1***

Ingrédients

- 3 œufs
- 120ml lait
- 3 cuillères à soupe beurre
- 4 cuillères à soupe Sucre
- ¾ cuillère à café Sel
- 7 gouttes Arôme Vanille Beurre
- 1 cuillère à soupe Citron, zeste râpé
- ¾ cuillère à café noix de muscade
- 420g Farine, type 405
- ½ cuillère à café levure sèche

préparation

1. Placer les ingrédients dans l'ordre dans la machine à pain. Sélectionnez le programme pour pain blanc ou confiserie, niveau de dorage : léger, taille : moyenne ou 750 g.

195. Pain de Pâques portugais sucré pour la machine à pain 2

- Temps de travail environ **30** min - Temps de repos environ **2** heures
- Durée totale environ **2h30** minutes
- Portion : **1**

Ingrédients

- 1 paquet levure sèche
- 540g Farine, type 405 ou 550
- 200 g Sucre
- 80g Beurre, mou, en flocons
- ½ cuillère à café Sel

- 2 Cuillères à thé extrait de vanille
- quelque chose Orange, zeste râpé
- quelque chose Citron, zeste râpé
- 3 œufs
- 200ml lait

Pour la peinture :

- 1 œuf, séparé
- quelque chose lait

- beurre pour le moule

préparation

1. Mettez tous les ingrédients dans la machine à pain et laissez le programme pâte se dérouler. Laisser la pâte lever encore 1 à 2 heures, jusqu'à ce qu'elle ait doublé de volume (environ 1 heure jusqu'à ce qu'elle atteigne le haut du récipient).

2. Sortez la pâte, pétrissez-la, formez-la en boule et laissez-la reposer, couverte, sur un plan de travail beurré (ou du papier d'aluminium) pendant 10 minutes. Maintenant, coupez un petit morceau de pâte pour la décoration et mettez-le de côté. Façonner la pâte restante en une boule lisse et la placer dans un moule rond beurré (par exemple un moule à charnière de 26 ou 28 cm) et aplatir (la pâte remplit le moule environ à moitié). Divisez le petit morceau de pâte en 2 moitiés, étalez-les en longs brins fins. Pincez les deux longs brins ensemble à une extrémité, puis tordez-les en une sorte de cordon, le cordon doit avoir la longueur d'un cercle à environ 1 pouce du bord de la forme. Badigeonnez la surface de la pâte où vous voulez que la ficelle aille avec du blanc d'œuf et appuyez sur la ficelle en place, en reliant les extrémités. Placer le moule dans un sac plastique et laisser lever la pâte pendant 2-3 heures jusqu'à ce qu'elle double de volume. Préchauffer le four à 175°C en temps utile.

3. Badigeonner la surface du pain avec un mélange de jaune d'œuf et un peu de lait. Cuire le pain environ 30 à 45 minutes sur la 2e grille à partir du bas, couvrir de papier d'aluminium s'il devient trop foncé. Retirer le pain du moule et laisser refroidir sur une grille. Le pain lève à nouveau de façon spectaculaire dans le four.

4. Pain très léger, agréablement sucré et parfumé. Aspect décoratif en raison de la décoration.

196. Pain dans la machine à pain

- ⏱ Temps de travail environ **5** min
- ⏱ Temps de cuisson/cuisson environ **2** heures **50** minutes- Durée totale environ **2h55** minutes
- 🍽 Portion **: 1**

Ingrédients

- 520ml eau, tiède
- 5g sel de mer
- 1 paquet levain
- 200g Farine de blé type 405
- 100g Farine d'épeautre type 630
- 50 grammes Farine de blé type 1050
- 50 grammes Farine de seigle type 1150
- 100g farine complète, par ex. B. épeautre, seigle ou blé
- 2g levure sèche
- 2 Cuillères à thé Chéri
- 25g Graines de tournesol, au goût
- 25g Graines de citrouille, au goût

Préparation

1. Versez l'eau tiède dans le moule BBA, salez, incorporez le levain liquide, ajoutez toutes les farines et la levure. Ajoutez simplement tous les ingrédients; vous n'avez pas à remuer.

2. Si vous le souhaitez, mélangez un total de 30 à 50 g de graines ou un seul type (généralement 25 g de graines de tournesol et 25 g de graines de citrouille pour moi) et partez pour le BBA. Lorsque le premier brassage est si loin qu'il n'y a plus de farine dans la pâte, ajoutez un peu de miel (éventuellement juste 1 cuillère à soupe de sucre) pour que la pâte lève bien et que la levure s'active.

3. C'est super rapide et très savoureux. On le mange souvent tiède, juste avec du beurre salé.
<u>Astuce</u> : Si vous ne voulez pas acheter 500 types de farine, vous pouvez d'abord essayer deux ou trois types, par ex. B. avec 250 g de farine de blé 405, 100 g de farine de seigle 1150 et 150 g de farine complète (blé/épeautre). Avec plus de 50% de farine de seigle, il est préférable d'utiliser deux paquets de levain.

197. Pain d'épeautre mixte pour la machine à pain

- ⏱ Temps de travail environ **5** min - Durée totale environ **5** minutes
- 🍽 Portion **: 4**

Ingrédients

- 200g farine (épeautre complet)
- 1 cuillère à café Sucre
- 2 Cuillères à thé Sel
- 1 cuillère à café Mélange d'épices pour pain
- 50 grammes Pâte (levain, seigle complet), séchée
- 300 grammes farine (farine d'épeautre)
- 375ml Eau
- 1 paquet levure (levure sèche)

Préparation

1. Mettez tous les ingrédients dans l'ordre d'utilisation (du 1er au 7ème) dans le bac à pain de la machine à pain. Faire ensuite un petit puits dans la farine. La levure sèche est versée dans cette cavité. La machine à pain est maintenant allumée, avec le dorage « Medium », le type de pain « XL » et le programme «Pleine valeur» (5 heures) sélectionnés.

198. Pain sud-tyrolien au cumin et à l'anis pour la machine à pain

- ⓘ *Temps de travail environ **10** min*
- ⓘ *Temps de cuisson/cuisson environ **3** heures **30** minutes- Durée totale environ **3h40** minutes*
- 🍽 Portion : **1**

Ingrédients

- 188g Farine de seigle ou farine de seigle complète
- 188g Farine d'épeautre type 630
- 8g levure sèche
- 270ml eau (chaude
- ¾ c. à thé, égoutté Sucre
- ¾ cuillère à soupe Sel

- ¾ cuillère à soupe huile ou huile d'olive
- ¾ cuillère à soupe Carvi, alternativement mélange d'épices à pain avec coriandre, fenouil et carvi
- ¾ cuillère à soupe anis

Préparation

1. Versez la levure sèche dans le distributeur de levure. Placez simplement tous les autres ingrédients dans le moule à pain de la machine à pain dans l'ordre indiqué.

2. Sélectionnez le menu 12 (seigle). ATTENTION : Utilisez des crochets de pétrissage de seigle ! Appuyez sur Start.

3. La machine à pain s'occupe de tout le reste. Du pétrissage et du repos nécessaire de la pâte à la cuisson.

199. Chocolat pour enfants - pain surprise pour les fabricants de pain

- ⓘ *Temps de travail environ **10** min*
- ⓘ *Durée totale environ **10** minutes*
- 🍽 Portion : **1**

Ingrédients

- 200ml lait
- 1 cuillère à soupe Chéri
- 1 cuillère à soupe beurre, liquide
- 1 cuillère à café Sel

- 500g farine, (405)
- 1 paquet levure (levure sèche)
- 100g chocolat (chocolat pour enfants)

Préparation

1. Ajoutez d'abord le lait, le miel et le beurre fondu, puis le sel, la farine et la levure dans le bac à pâte. Sélectionnez le programme BASIS. N'ajoutez le chocolat haché à la pâte qu'après le signal sonore.

200. Pain à la choucroute pour la machine à pain

- Temps de travail environ **15 min**
- Temps de cuisson/cuisson environ **4 heures 30 minutes**- Durée totale environ **4h15** minutes
- Portion : **1**

Ingrédients

- 200g Farine de blé type 405
- 200g Farine de blé type 1050
- 200g Farine de seigle type 1150
- 1½ cuillère à café levure sèche
- 2 Cuillères à thé Sel
- 1 cuillère à soupe Sucre
- 1 sac Levain (75 g pour 500 g de farine) ou 2 cc de levain en poudre
- 350ml Eau
- 1 petit peut/s Choucroute (285 g poids égoutté)

Préparation

1. Rincez et égouttez la choucroute, puis essorez-la bien dans un torchon. Couper à nouveau en petits morceaux avec un couteau bien aiguisé (sinon il y aura des "cordes" trop longues dans le pain).

2. Ajouter la farine, la levure, le sel, le sucre, le levain et l'eau au BBA. Réglez le programme pour le pain de blé, sélectionnez la taille du pain "gros" et appuyez sur 2 pour la croûte. Démarrez le programme.

3. Après la première levée et en remuant au bip sonore, ajouter la choucroute.

Astuce : Si le BBA a du mal à pétrir (la pâte devient un peu plus liquide), poussez un peu la pâte du bord avec un bâton en bois.

Pain sans gluten et végétalien pour la machine à pain

201. Pain aux noisettes de la machine à pain

- Temps de travail environ **5 min**
- Temps de cuisson/cuisson environ **3 heures** - Durée totale environ **3h5** minutes
- Portion : **1**

Ingrédients

- 250ml Babeurre
- 200g levain de seigle
- 100g Farine de seigle type 1150
- 200g Farine d'épeautre type 1050
- 1 paquet levure sèche
- 1 cuillère à café Sel
- 1 cuillère à soupe sirop d'érable
- 150g noisettes

Préparation

1. Placer les ingrédients dans la machine à pain dans l'ordre indiqué, à l'exception des noix. Sélectionnez et démarrez le programme de base avec la croûte « foncée ».

2. Mettez les noisettes dans un sac congélation et écrasez-les avec un rouleau à pâtisserie. Ajouter les noisettes au moment opportun de la cuisson (voir mode d'emploi de la machine à pain).

202. Pain de Pâques pour la machine à pain

- Temps de travail environ **10** min
- Temps de cuisson/cuisson environ **3** heures **30** minutes- Durée totale environ **3h10** minutes
- Portion **: 1**

Ingrédients

- 250ml lait, tiède
- 1 œuf
- 100g beurre
- 500g Farine d'épeautre type 630 ou farine de blé type 405
- 2 sac/s levure sèche
- 40g Sucre
- 1 sac/s sucre vanillé
- 1 paquet zeste de citron
- 100g Amandes, hachées
- 100g citron
- 100g écorce d'orange confite
- 100g raisins secs

préparation

1. Chauffer légèrement le lait dans une casserole, y faire fondre le beurre et verser le mélange dans le moule à pain. Ajouter le reste des ingrédients - sauf les amandes, le zeste de citron confit, le zeste d'orange et les raisins secs - et placer le récipient dans le BBA.

Réglage : Normal
Taille : 1000 g
Brunissement : Normal

2. Après le bip, ajoutez les ingrédients restants à la pâte. Après cuisson, laisser refroidir sur une grille et déguster frais.

J'ai choisi le réglage ' Rapide", mon pain était prêt en 1h20. Avec le réglage normal, le pain devient plus lâche. Vous pouvez également le faire cuire au four sur du papier sulfurisé, à 180 degrés, environ 35 minutes. Mélangez ensuite un jaune d'œuf avec 2 cuillères à soupe de lait, badigeonnez-en le pain et faites une légère entaille au milieu. Vous pouvez ajouter le blanc d'œuf à la pâte au préalable.

203. Pain au basilic

- Temps de travail environ **5** min - Durée totale environ **5** min
- Portion **: 1**

Ingrédients

- 300ml lait
- 500g Farine
- 1 cuillère à café Sel
- 1 cuillère à soupe Chéri
- 3 cuillères à soupe Basilic râpé
- 1 paquet levure sèche
- 5 cuillères à soupe huile d'olive

Préparation

1. Mettez les ingrédients dans la machine à pain dans l'ordre suivant :

- Lait
- Huile
- Miel
- Basilic
- Sel
- Farine
- Levure

2. Sélectionnez un réglage pour pain blanc - léger (env. 2,5 - 3 heures).

204. Pain à la betterave pour la machine à pain

*Temps de travail environ **5** min - Temps de cuisson/cuisson environ **3** heures*
*Durée totale environ **3h5** minutes*
Portion : **1**

Ingrédients

- 455ml Jus de betterave, tiède
- 20g beurre
- 2 Cuillères à thé Sel
- cuillère à café miel, facultatif
- 325g farine d'épeautre complète
- 325g Farine d'épeautre type 630 ou 1050
- 1 cuillère à soupe mélange d'épices à pain
- 1 sac levure sèche
- 100g Noisettes, hachées grossièrement
- 1 cuillère à café, bombée Farine d'épeautre complète pour saupoudrer

préparation

1. Faire tiédir le jus de betterave, le verser dans le moule avec les autres ingrédients puis dans le BBA.
Réglage : Normal
Taille : 1200 g
Brunissage : Normal

- La plupart des BBA d'aujourd'hui ont une fonction de cuisson rapide, qui réduit le temps de cuisson de près d'une heure. Ce pain a bien fonctionné pour moi.
- Ajoutez les noisettes lorsque vous entendez le bip.
- Une heure avant la fin de la cuisson, utilisez une passoire à thé pour étaler une cuillère à café de farine complète sur le pain.

205. Pain mixte aux graines de lin dans la machine à pain

*Temps de travail environ **5** min - Temps de cuisson/cuisson environ **3 h30** min*
*Durée totale environ **3h35** minutes*
Portion : **1**

Ingrédients

- 300 grammes Farine de blé type 405
- 200 g Farine d'épeautre type 630
- 280ml Eau
- 2 cuillères à soupe huile d'olive
- 1 paquet Levure sèche (7 g)
- 2g sel de mer
- 3 cuillères à soupe tourteau de lin

préparation

1. Je remplis d'abord l'eau et l'huile d'olive dans le moule du BBA. Ensuite, j'ajoute la farine, le sel et les graines de lin.

2. Je remplis la levure dans le compartiment à levure de la machine à pain. Si je fais le pain tout de suite, je mets le tout dans le moule. Lorsque je travaille avec le minuteur, j'utilise le compartiment à levure.

3. Cuire normalement au niveau 1.

206. **Pain mixte de Romi**

- Temps de travail environ **10** min - Durée totale environ **10** minutes
- Portion : **1**

Ingrédients

- 400ml eau chaude
- 2 cuillères à soupe sésame
- 2 cuillères à soupe Coquelicot
- 2 cuillères à soupe graine de lin
- 2 cuillères à soupe graines de tournesol
- 125g farine de seigle (grain entier)
- 125g farine de blé (grain entier)
- 125g farine d'épeautre (grain entier)
- 125g farine de blé
- 2 Cuillères à thé Sel
- 1 paquet levure sèche

préparation

1. Versez l'eau chaude directement dans le moule de la machine à pain et trempez-y le sésame, le pavot et les graines de lin jusqu'à ce que l'eau soit suffisamment froide pour éviter de vous brûler le doigt si vous y mettez le doigt.
2. Ajoutez ensuite tous les ingrédients restants et lancez le programme normal (il me faut 3 heures).

207. **Pain mixte au seigle**

- Temps de travail environ **10** min
- Durée totale environ **10** minutes
- Portion : **1**

Ingrédients

- 150ml Eau
- 150g Yaourt (yaourt faible en gras)
- 1 cuillère à soupe huile
- 150g farine (seigle entier)
- 500g Farine (Type 1050)
- 250 g Farine (Type 550)
- 1 cuillère à café Sel
- 1 cuillère à café Sucre
- 1 paquet levure (levure sèche)

Préparation

1. Placez les ingrédients dans la machine à pain en veillant toujours à mettre les ingrédients liquides en premier.
2. Entrez le réglage comme suit :
750 g, dorage moyen, pâte normale.

208. Pain mixte au sarrasin sans gluten

- Temps de travail environ **10** min - Temps de cuisson/cuisson environ **3** heures
- Durée totale environ **3h10** min - Portion : **1**

Ingrédients

- 125g mélange de farine
- 130g Farine de sarrasin (grain entier)
- 10g Coquilles de graines de puces, moulues
- 1 pincée Sel
- 1 pincée mélange d'épices à pain
- 420ml eau, tiède
- 7g Levure sèche (1 sachet)
- 1 cuillère à soupe huile de colza ou huile de tournesol

Préparation

1. Mettez le mélange de farine (j'aime utiliser de la farine Schah ou mélanger moi-même 40 g de farine de maïs + 85 g de farine de riz) avec la farine de sarrasin dans la machine à pain. Ajouter les cosses de psyllium et les épices. Ajouter ensuite la levure et l'eau tiède. Ajouter 1 cuillère à soupe d'huile de colza ou de tournesol pour rendre le pain plus lisse. Cependant, cela ne doit pas être le cas. Eventuellement, des noyaux ou d'autres graines peuvent être ajoutés.

⇒ J'ai une machine à pain et je la règle sur le réglage du pain blanc.

209. Pain mixte

- Temps de travail environ **20** min - Durée totale environ **20** min - Portion : **4**

Ingrédients

- 20g Amarante fraîchement moulue
- 20g Quinoa fraîchement moulu
- 20g Farine (farine d'avoine complète - or d'avoine)
- 20g Millet - flocons
- 20g gruau
- 2 Cuillères à thé Sel
- 10g Epeautre - son
- 20g Farine de seigle, grains entiers
- 330g Farine d'épeautre (Type 405)
- 1 paquet levure sèche
- 410g Eau
- 1 cuillère à soupe Graines de lin, dorées

Préparation

1. Veuillez peser soigneusement les ingrédients et les placer dans le plat de cuisson dans l'ordre dans lequel ils sont préparés, à l'exception des graines de lin. Un bac à farine est enfoncé pour la levure. Sélectionnez le programme avec le temps de cuisson le plus long et allumez la machine (attention : avec certaines machines à pain, il faut d'abord ajouter de l'eau dans le moule de pétrissage !).

2. Au début du processus de pétrissage, assurez-vous que la boule de pâte n'est ni trop ferme ni trop molle. Si nécessaire, ajoutez de l'eau ou de la farine d'épeautre (type 405).

3. Les graines de lin ne sont ajoutées qu'après le dernier processus de mélange (mélange de la pâte jusqu'à consistance lisse). Le brassage régulier de la pâte n'a souvent lieu que lorsque le temps restant est affiché sous la forme 2 - 1,5 heures. Si les graines de lin sont ajoutées trop tôt, la pâte sera trop ferme. Le crochet pétrisseur peut alors ne plus pouvoir pétrir la pâte !

4. Après la fin du processus de cuisson du pain, démoulez le plus rapidement possible le pain fini (sinon, il risque de cuire ou de brunir).

210. **Pain au curry**

- 🕐 *Temps de travail environ **10** min - Temps de repos environ **1h***
- 🕐 *Durée totale environ **1h10** minutes*
- 🍽 *Portion : **1***

Ingrédients

- 500g   Mélange prêt pour pain blanc
- 300ml eau, tiède
- 1 cuillère à soupe curry
- 1 poignée Graines de citrouille, grillées
- quelque chose Feuilles de coriandre, hachées
- 1 pincée poudre d'ail
- 1 cuillère à café, filtrée Sel
- 1 pincée Piment ou piment de cayenne

Préparation

1. Mélanger tous les ingrédients avec le crochet pétrisseur. Couvrir la pâte et la laisser lever environ 30 minutes.
2. Formez une miche de pain avec les mains farinées et placez-la sur une plaque allant au four recouverte de papier cuisson. Laisser lever dans un endroit chaud jusqu'à ce que le volume ait augmenté de manière significative (20 - 40 min.).
3. Badigeonner la surface du pain d'eau et enfourner dans un four préchauffé à 230°C.
4. Mettez également un petit bol d'eau résistant à la chaleur dans le four. Au bout de 10 minutes, baisser la température à 200°C.

⇒ Temps de cuisson : 30 - 40 minutes

211. **Pain à faible teneur en sel cuit dans la machine à pain**

- 🕐 *Temps de travail environ **5** min - Temps de cuisson/cuisson environ **3** heures **40** minutes*
- 🕐 *Durée totale environ **3h45** minutes*
- 🍽 *Portion : **1***

Ingrédients

- 330ml eau, tiède
- 1 pincée Sel
- 1 pincée Sucre
- cuillère à soupe huile
- 1 éclaboussure vinaigre balsamique
- 250g   Farine de blé type 405
- 250g   Farine complète, blé, seigle, épeautre ou similaire
- 5g levure sèche

Préparation

1. Mettre tous les ingrédients dans la machine à pain dans l'ordre indiqué. Attitude au BBA : grains entiers. Cela me prend environ 3h40.
2. Avec l'huile et la farine, j'utilise toujours ce qui est disponible. Cependant, il est important que la moitié, soit 250 g, de la farine soit constituée de grains entiers. Si j'utilise de la farine de seigle, j'utilise un peu plus d'eau, sinon le pain sera très sec.

♥ ♥ Le pain convient principalement aux petits enfants. Ma fille de 14 mois adore. À mon goût, cependant, il contient trop peu de sel, de sucre, d'exhausteurs de goût, etc.

212. Pain sans gluten et végétalien pour la machine à pain

- Temps de travail environ **20** min - Temps de cuisson/cuisson environ **2 h**
- Durée totale environ **2h20** minutes
- Portion : **1**

Ingrédients

- 200 g riz basmati
- 150g semoule de maïs
- 150g Millet
- 1 oignon
- 2 Cuillères à thé la gomme de guar
- 2 Cuillères à thé Graines de puces, moulues
- 1 cuillère à café Sel
- 1 cuillère à café Sucre
- 1 cuillère à café Vinaigre de cidre de pomme, naturellement trouble
- 2 cuillères à soupe Huile d'olive, ou huile, au goût
- 550ml eau, tiède
- 1 paquet levure sèche
- Amandes, au goût, par ex. graines de tournesol, graines de citrouille

Préparation

1. Mélangez la levure avec le sucre et un peu d'eau tiède et laissez lever quelques minutes jusqu'à ce que des bulles se forment.

2. Transformez le riz basmati et le millet en farine dans un mélangeur. Mélanger tous les types de farine, les cosses de psyllium, l'oignon, le sel et le sucre dans le robot culinaire.

3. Mélanger l'eau, le vinaigre et l'huile et ajouter à la machine à pain. Verser le mélange de farine sur le liquide et enfin verser la levure dessus. Utilisez le programme pain sans gluten et réglez à point pour la croûte.

4. Pendant le pétrissage, utilisez une spatule pour presser la pâte dans le pétrin de temps en temps. Au bip après le pétrissage, ajouter les graines.

213. Pain aux œufs 1

- ⏱ *Temps de travail environ **5** min*
- ⏱ *Durée totale environ **5** minutes*
- 🍽 *Portion : **1***

Ingrédients

- 2 œufs
- Lait et/ou eau pour remplir les œufs jusqu'à 330 ml
- 1½ cuillère à soupe margarine
- 1 cuillère à café Sel
- 1 cuillère à soupe Sucre
- 540g Farine de blé, type 550 ou 405
- ½ paquet levure sèche

Préparation

1. Placer dans la machine dans l'ordre ci-dessus.
- **Programme normal ou programme levure.**
- **Donne un pain de 750g.**

214. Pain aux œufs 2

- ⏱ *Temps de travail environ **5** min*
- ⏱ *Durée totale environ **5** minutes*
- 🍽 *Portion : **1***

Ingrédients

- 2 œufs
- 25g Beurre ou margarine
- 1 cuillère à café Sel
- 1 cuillère à café Sucre
- 500g Farine, type 550
- 1 paquet levure sèche
- Par exemple. babeurre, ou lait, ou eau

Préparation

1. Cassez d'abord les œufs dans une tasse à mesurer, puis remplissez jusqu'à 275 ml avec le babeurre. Ajoutez ensuite dans la machine à pain avec les autres ingrédients et enfournez immédiatement.
   ⇒ Programme : Basique ou normal. Croûte : Légère.
- La pâte est très liquide après le programme de pétrissage, mais c'est normal, elle devient très mousseuse à la cuisson.

215. **Gâteau cassant à la cannelle de la machine à pain**

- *Temps de travail environ **25 min** - Temps de cuisson/cuisson environ **1 h***
- *Durée totale environ **1h25** minutes*
- Portion : **1**

Ingrédients

- 1 tasseCrème sure, 200 g chacun
- 200 g Farine
- 200 g Sucre
- 2 œufs
- 1 cuillère à café, bombée   Cannelle
- 1 bouteille saveur d'amande amère
- 1 pincée Sel
- 1 cuillère à café, bombée levure chimique
- 125g Beurre ou margarine liquide

Pour le remplissage :

- 50 grammes Noisettes, hachées
- 50 grammes Sucre de canne, brun
- beurre
- chapelure, pour le moule

Préparation

1. Réalisez d'abord un croustillant pour la garniture :

2. faites revenir lentement le sucre dans une poêle jusqu'à ce qu'il sente le caramel, puis ajoutez les noisettes et laissez-les caraméliser en remuant constamment. Laisser refroidir puis couper en petits morceaux sur une planche.

3. Dans un bol, mélanger rapidement tous les ingrédients de la pâte en une pâte lisse à l'aide d'un mélangeur. Il faut arracher la cuillère, alors c'est bon. Lorsqu'il coule, rajoutez un peu de farine.

4. Mettre les 2/3 de la pâte dans le bol graissé et émietté de la machine sans le batteur à pâte. Répartir uniformément le croustillant haché. Ensuite, placez le reste de la pâte sur le dessus, en secouant doucement d'avant en arrière (tout droit).

5. Cuire au four pendant 1 heure avec le programme de cuisson. Il n'est pas nécessaire de vérifier pendant cette période. Après la cuisson, testez les bâtonnets, si quelque chose colle encore, faites cuire encore 10 minutes.

6. C'est un vrai gâteau de Noël qui sent bon. Vous pouvez le recouvrir de couverture ou je prends juste une barre de chocolat, laissez-la fondre et arrosez-la sur le gâteau.

216. Pain au saindoux et aux oignons pour la machine à pain

- Temps de travail environ **15** min - Temps de cuisson/cuisson environ **4 h**
- Durée totale environ **4h15** minutes
- Portion : **1**

Ingrédients

- 100g graisse d'oie
- 50 grammes oignons rôtis
- 300ml Eau
- 75g levain
- 300 grammes Farine de Blé Type 550
- 250g Farine de seigle type 1150
- 2 Cuillères à thé Sel
- 2 Cuillères à thé Sucre
- 1 cuillère à soupe mélange d'épices à pain
- 1 sac Levure sèche (7g)
- 1 cuillère à soupe Vinaigre balsamique, plus léger

préparation

1. Faire fondre le saindoux dans une casserole à feu doux. Retirer du feu et incorporer les oignons frits. Laisser refroidir tiède.

2. Dans un autre bol, mélanger l'eau, le levain et le vinaigre. Mélanger la farine, le sel, le sucre et le mélange d'épices à pain.

3. Insérez le crochet pétrisseur dans le plat de cuisson du BBA.

4. Remplissez les ingrédients selon les instructions de votre propre BBA. Avec le mien, d'abord le mélange de farine, puis le mélange d'eau et enfin le saindoux et les oignons. La levure va dans le distributeur de levure séparé sur le mien.

5. Cuire dans le programme normal, poids XL et brunissement moyen. La durée totale de mon BBA est de 4 heures.

6. Avec le BBA conventionnel, l'eau entre en premier, puis le saindoux et enfin le mélange de farine. La levure sèche est ensuite saupoudrée dessus.

7. La recette donne un pain d'environ 1050 g. Il ne monte pas très haut, mais sa consistance est duveteuse.

8. Il est très bon tartiné avec du beurre et avec une assiette snack avec saucisse, fromage, concombre et radis.

217. Pain de tournesol

- Temps de travail environ **10** min - Durée totale environ 10 minutes
- Portion : **1**

Ingrédients

- 210ml Eau
- 1 cuillère à soupe beurre
- 1 cuillère à soupe Sucre
- 1 cuillère à café Sel
- 300 grammes Farine (farine de blé type 550)
- 1 pincée acide ascorbique
- ½ cuillère à café levure (levure sèche)
- 3 cuillères à soupe graines de tournesol

Préparation

1. Mettre tous les ingrédients dans le BBA. Programme : bronzage rapide : léger

218. Pain rhum - raisins secs - noix pour machine à pain

- Temps de travail environ **5** min
- Durée totale environ **5** min
- Portion : **5**

Ingrédients

- 350ml lait/eau
- 2 cuillères à soupe rhum, 40%
- 40g beurre
- 650g farine (farine de blé entier)
- 1½ cuillère à café Sel
- 1 paquet levure (levure sèche)
- 60g noix, entières
- 75g Raisins secs en jante

préparation

1. Placer les 6 premiers ingrédients dans le BBA.
2. Ajoutez après le bip :
- Cerneaux de noix entiers 60 g (80 g)
- Rhum raisins secs 75 g (100 g)
- Programme : Rapide

⇒ J'ai utilisé de la farine 405 normale pour la cuisson et vous n'avez pas vraiment besoin d'être si économe avec le rhum.

219. Noix de cajou - Pain au miel pour machine à cuire

- Temps de travail environ **10** min - Temps de cuisson/cuisson environ **50** min
- Durée totale environ **1 heure**
- Portion : **1**

Ingrédients

- 125ml Lait tiède (lait de chèvre, lait de soja)
- 175ml Yaourt, variante grecque ou végétalienne, à température ambiante
- 3 cuillères à soupe miel, plus liquide
- 500g farine d'épeautre, 630
- ¼ cuillère à café sel de mer
- 50 grammes beurre, mou
- 1½ cuillère à café levure sèche
- 40g Noix de cajou, hachées
- 1 cuillère à soupe Zeste d'orange, moulu

Préparation

1. Mélanger le lait, le miel et le yaourt et verser dans le moule à pain.
2. Mettez la farine uniformément sur le dessus. Mettez du sel dans un coin et du beurre dans un autre coin du moule à pain.
3. Faire un petit puits dans la farine sans toucher au liquide et ajouter la levure.
4. Fermez le couvercle de la machine et démarrez sur "Normal", brunissement moyen.
5. Si le bip retentit pour l'ajout, d'autres ingrédients tels que les noix et le zeste d'orange peuvent être ajoutés.
6. Une fois le programme terminé, éteignez la machine et retirez le moule à pain. Attention, travaillez avec des gants de cuisine. Retirer la pâte du plat allant au four. Laisser refroidir le pain aux noix sur une grille.

⇒ Toutes les autres noix peuvent également être utilisées.

220. Pain Prune Noix

- Temps de travail environ **10** min - Temps de cuisson/cuisson environ **3** heures **30** minutes
- Durée totale environ **3h40 min**
- Portion **: 1**

Ingrédients

- 375ml eau, tiède
- 1½ cuillère à café   Sel
- 300 grammes Farine de Blé Type 550
- 300 grammes farine d'épeautre
- ½ paquet levure sèche
- 80g noix
- 120g pruneaux
- 1 pincée mélange d'épices à pain

préparation

1. Versez d'abord l'eau et le sel dans le récipient de la machine à pain. Ajouter ensuite la farine avec les épices à pain et saupoudrer de levure. J'utilise pour cela le programme grains entiers de ma machine à pain.

2. Lorsque la machine donne le signal d'ajouter plus d'ingrédients, ajoutez les noix et les pruneaux. La proportion de noix par rapport aux prunes peut bien sûr varier, mais je préfère plus de prunes que de noix.

3. La pâte ne doit pas être trop ferme, mais plutôt légèrement fluide. S'il est trop ferme, vous pouvez ajouter un peu d'eau. S'il est trop liquide, ajouter progressivement un peu de farine pendant la phase de pétrissage.

4. Pour la levure sèche, il est préférable de regarder la quantité de farine : Un sachet de ma levure sèche suffit pour 500 g de farine, donc j'ajoute environ 1 1/4 à 1 1/2 sachets de levure à la farine. La recette est conçue pour un pain de 1000 g.

221. Pain à la citrouille et au piment

- Temps de travail environ **15** min - Temps de repos environ **1h35**
- Temps de cuisson/cuisson environ **30** minutes - Durée totale environ **2h20 min**
- Portion : **1**

Ingrédients

- 310ml Eau
- 1½ cuillère à café Sel
- 1 cuillère à soupe Sucre
- 1½ cuillère à café Huile de pépins de courge, huile de tournesol ou huile de colza
- 120g chair de citrouille
- 2 piments
- 530g Farine de blé, type 1050
- 1 cuillère à café poudre de paprika
- 1 poignée graines de citrouille
- 1 paquet levure sèche ou 16 g de levure fraîche

préparation

1. Couper la chair de potimarron en petits morceaux. Retirez les graines des piments, puis hachez finement les gousses. Par précaution, enfilez des gants de ménage au préalable en raison du tranchant. Mettez maintenant les ingrédients dans l'ordre indiqué dans un bol à mélanger et pétrissez en une pâte avec le crochet pétrisseur. Couvrir et laisser lever dans un endroit chaud pendant 20 minutes.
2. Ensuite, pétrissez à nouveau la pâte et laissez-la reposer encore 75 minutes.
3. Préchauffer le four à 175°C chaleur voûte et sole.
4. Façonner la pâte en un pain et le déposer sur une plaque recouverte de papier sulfurisé. Pour rendre la croûte agréable et croustillante, badigeonner la pâte avec un peu d'eau. Cuire sur la grille du milieu du four environ 30 minutes.
5. Préparation en machine à pain :
6. Placer les ingrédients dans le plat de cuisson dans l'ordre indiqué. Sélectionnez le programme "Vrac", spécifiez le poids comme 1000 g, réglez le degré de brunissement souhaité. J'ai choisi " sombre" pour que la croûte devienne agréable et croustillante.
7. Le temps de préparation total pour la machine à pain est d'environ 3 heures.

222. Okara juteux – graines de lin – pain

- ⏱ Temps de travail environ **10** min
- ⏱ Durée totale environ **10** minutes
- 🍽 Portion **: 1**

Ingrédients

- 1 cuillère à soupe huile
- 1 cuillère à café Vinaigre
- 1 paquet levure sèche
- 50 grammes graine de lin
- 450g Farine
- 150g okara
- quelque chose Lait de soja (boisson au soja), (boisson au soja)
- 1 cuillère à café Sel
- 1 cuillère à café Sucre

Préparation

1. Dans la machine à pain : Remplissez tous les ingrédients et sélectionnez le programme normal (environ 3 heures). Si nécessaire, ajoutez une boisson au soja si la pâte est trop sèche.

2. Méthode traditionnelle : Pétrir tous les ingrédients ensemble. La pâte est très collante et moelleuse. Laisser lever dans un endroit chaud environ 1 heure. Cuire au four préchauffé à 180°C pendant environ 55 minutes.

Remarque : Le pain s'affaissera un peu après la cuisson. Au total, il contient environ 2140 kcal, 82 g de protéines, 38 g de matières grasses et 364 g de glucides.

⇒ Okara est un sous-produit de la fabrication du lait de soja ou du tofu.

223. Baguette au babeurre

- ⏱ Temps de travail environ **5** min - Temps de repos environ **1h40**
- ⏱ Temps de cuisson/cuisson environ **20** minutes - Durée totale environ **2h5** minutes
- 🍽 Portion **: 1**

Ingrédients

- 300ml Babeurre
- 100g beurre
- 1½ cuillère à café Sel
- 1 cuillère à soupe Sucre
- 500g Farine de blé, type 550
- 1 paquet levure sèche

préparation

1. Verser les ingrédients dans le récipient BBA un à la fois. Réglez le programme de pâte et utilisez le temps d'attente pour d'autres tâches.

2. Sortez la pâte à levure finie du récipient et formez 3 baguettes sur une surface farinée, placez-les sur une plaque à pâtisserie tapissée de papier sulfurisé ou dans un moule à baguette spécial. Coupez les pains en trois fois avec un couteau bien aiguisé et laissez lever à couvert pendant environ 10 minutes.

3. Cuire ensuite à 180 degrés pendant environ 20 minutes.

224. La tresse aux noix de maman

- ⏱ Temps de travail environ **15** min - Temps de repos environ **1h**
- ⏱ Durée totale environ **1h15** minutes
- 🍽 Portion : **1**

Ingrédients

Pour la pâte :

- 500g Farine
- 250ml lait
- 60ml Huile, neutre (par ex. huile de tournesol ou de colza)
- 100g Sucre
- 3 pincées Sel
- 1 paquet levure sèche

Pour le remplissage :

- 100g Arachides (par exemple noisettes et/ou amandes).
- 100g Sucre
- 1 cuillère à soupe poudre de cacao
- 1 cuillère à café Cannelle
- 5 cuillères à soupe lait
- ➤ Par exemple. sucre en poudre et un peu d'eau pour le glaçage

Préparation

1. Pour faire la pâte dans la machine à pain, mettez d'abord le lait, l'huile, le sucre et le sel dans la machine. Versez ensuite la farine et la levure. Le pétrissage et la levée de la pâte dans le programme « Pâte levée » prennent environ 1,5 heure, selon l'appareil. Alternativement, la pâte peut bien sûr aussi être préparée à la main !

2. Pendant que la pâte lève, la garniture est préparée. Les ingrédients restants sont mélangés dans un bol.

3. La pâte finie est étalée finement sur une surface de travail légèrement farinée et étalée uniformément avec la garniture. La pâte est ensuite enroulée dans le sens de la longueur et déposée sur une plaque de cuisson en boudin ou en forme d'anneau. La surface est maintenant coupée avec des ciseaux en zigzag. Tresser des brins de pâte n'est pas nécessaire avec cette technique !

4. La tresse a besoin d'environ 20 minutes dans le four à convection à 180 degrés.

5. Après la cuisson, la tresse peut être recouverte de glaçage, si vous le souhaitez.

6. La tresse a meilleur goût lorsqu'elle est encore chaude !

225. Maïs élevé 1

- Temps de travail environ **5** min
- Durée totale environ **5** minutes
- Portion : **1**

Ingrédients

- 300ml Eau
- 150ml lait
- 2 cuillères à soupe huile
- 2 Cuillères à thé Sel
- 3 cuillères à café Sucre
- 560g Farine de blé, 1050 ou moitié 405 et moitié farine de blé entier
- 200g Cependant, la semoule de maïs ou la semoule de maïs devient alors un peu sèche
- 1 paquet levure sèche

préparation

1. Mettre tous les ingrédients dans la machine à pain dans l'ordre indiqué.
2. La recette est conçue pour 5 portions de 1250 g. Si vous voulez un pain de 1000 g, vous pouvez le convertir en 4 portions, ou 3 portions à 750 g.
3. Juste avant la cuisson, vous pouvez badigeonner le pain d'eau et saupoudrer 1 cuillère à soupe de farine de maïs ou de semoule dessus.

226. Maïs élevé 2

- Temps de travail environ **10** min
- Durée totale environ **10** minutes
- Portion : **1**

Ingrédients

- 220ml Eau
- 1 cuillère à soupe beurre
- 1 cuillère à soupe Sucre
- 1 cuillère à café Sel
- 250 g Farine (farine de blé type 550)
- 50 grammes farine (farine de blé entier)
- 1 pincée acide ascorbique
- ½ cuillère à café levure (levure sèche)
- 3 cuillères à soupe gruau de maïs

Préparation

1. Mettre tous les ingrédients dans le BBA.
- Programme : normal
- Dorage : moyen

227. Maïs élevé 3

- *Temps de travail environ **10** min - Temps de cuisson/cuisson environ **4** heures*
- *Durée totale environ **4h10** minutes*
- *Portion : **1***

Ingrédients

- 450g   Farine de blé (farine de blé jaune) ou farine de blé type 550
- 50 grammes semoule de blé dur
- 50 grammes semoule de maïs
- 9g Sel
- 10g enzyme de cuisson
- 22g Levain sec (blé)
- 3g poudre de curcuma
- 330g eau, tiède
- 12g huile de tournesol
- 1 sac levure sèche
- 2 cuillères à soupe Graines de tournesol, environ 20 g

Préparation

1. Je fais cuire le pain dans une machine à pain, où les ingrédients secs vont d'abord dans la casserole et la levure dans un épandeur de levure séparé.

2. Sortez le plat de cuisson de la machine et insérez les crochets pétrisseurs. Verser les ingrédients secs, sauf la levure, et mélanger avec une cuillère en bois ou en silicone. Verser l'eau et l'huile. Placez le moule dans la machine, fermez le couvercle et placez la levure dans le compartiment séparé.

3. Quiconque a une machine à pain, où les ingrédients liquides entrent en premier, remplit d'abord l'eau et l'huile. Mélanger les ingrédients secs, sauf la levure, dans un bol séparé, puis verser sur le liquide. Étalez enfin la levure dessus.

Cuisson : programme normal (4 heures pour moi), poids XL-large-1000 g, dorage : moyen
Retirer le pain immédiatement après la cuisson et laisser refroidir sur une grille.

⇒ La recette donne un pain d'environ 850 g.

Remarque : L'enzyme de cuisson rendra le pain plus moelleux, mais vous pouvez l'omettre. Mon crochet pétrisseur garde sa forme. Si cela ne fonctionne pas, huilez simplement les crochets de pétrissage avant de les insérer.

228. Le pain de maïs ultime

*Temps de travail environ **10** min - Durée totale environ **10** min - Portion : **1***

Ingrédients

- 150ml eau, tiède
- 5 cuillères à soupe lait, tiède
- 1 cuillère à soupe huile, (huile de maïs)
- 280g Farine, farine de blé type 550
- 100g Farine de maïs, fine
- 1 cuillère à café Sel
- 1½ cuillère à soupe sucre, brun
- 1 cuillère à café Levure (levure sèche)

préparation

1. Versez l'eau, le lait et l'huile de maïs dans le moule à pain.
2. Répartir la farine uniformément sur le dessus et saupoudrer de semoule de maïs. Mettez le sel et le sucre dans un coin du moule à pain. Faire une petite entaille dans la farine sans exposer le liquide et verser la levure.
3. Cuire le pain.
- Programme : rapide, dorage moyen

Astuce : je laisse seulement la machine faire la pâte, en faire un mètre de pain, la laisser lever à nouveau sur la plaque et la faire cuire au four à 200°C pendant environ 30 minutes.
Il est préférable de servir le pain tiède avec de l'aïoli ou du beurre aux herbes !

229. Pain de maïs aux raisins secs

*Temps de travail environ **15** min - Temps de repos environ **1h***
*Temps de cuisson/cuisson environ **45** min - Durée totale environ **2h** min
Portion : **1***

Ingrédients

- 200g semoule de maïs
- 300 grammes farine de blé
- 60g Sucre
- ½ sac sucre vanillé
- ¾ cuillère à café Sel
- 20g beurre, mou
- 3 ½ dl lait
- 1¼ cuillère à café levure sèche
- 90g Raisins secs, saupoudrés d'un peu de farine

préparation

1. Insérez le crochet pétrisseur et ajoutez tous les ingrédients, jusqu'au lait compris, dans le moule de la machine à pain dans l'ordre indiqué.
2. Enfin, ajoutez la levure ou, dans le cas des modèles avec un doseur de levure séparé, versez-la dans le compartiment prévu à cet effet.
3. Les raisins secs ne doivent être ajoutés qu'à la fin du processus de pétrissage afin qu'ils ne soient pas trop cassés. Ajoutez-le manuellement ou, pour les modèles avec un épandeur de noix de raisin, faites-le ajouter automatiquement. Si vous saupoudrez les raisins secs d'un peu de farine au préalable, ils s'étaleront mieux dans la pâte.
4. Ensuite, démarrez la machine. Le bon programme pour ce pain dépend naturellement du modèle de machine à pain. Pour le grand Panasonic, nous utilisons le programme 14 - pain spécial aux raisins secs - il y a probablement quelque chose de similaire sur d'autres modèles. Vous devrez peut-être expérimenter avec le temps de cuisson ou le programme.
⇒ Cette recette donne un délicieux pain de maïs sucré. Il est délicieux avec du beurre et de la confiture, mais se marie aussi très bien avec du fromage et des saucisses.

230. Pain d'épeautre au sarrasin, graines de chia et flocons d'avoine

*Temps de travail environ **15** min - Temps de cuisson/cuisson environ **2** heures **20** minutes*

*Durée totale environ **2h35** minutes*

*Portion : **1***

Ingrédients

- 300 grammes farine d'épeautre complète
- 50 grammes Farine de sarrasin (farine complète de sarrasin)
- 140g Gruau, tendre
- 3 cuillères à soupe, bombées Graines de chia
- ½ paquet levure sèche
- 1 cuillère à café Mélange d'épices à pain, fait maison

À part ça :

- 280ml eau chaude
- 1 cuillère à café Sel
- 1 cuillère à soupe, bombée Chéri
- 2 cuillères à soupe Vinaigre de cidre balsamique, léger ou de pomme
- 100g Yaourt, grec, naturel, froid au réfrigérateur

préparation

1. Mélanger tous les ingrédients secs sauf le sel. Si l'eau est trop chaude, la levure va mourir. S'il fait trop froid, il ne peut pas fonctionner correctement. Par conséquent, mélangez les ingrédients liquides dans l'ordre indiqué. Dissoudre le sel dans de l'eau chaude et non bouillante. Dissoudre le miel dedans. Incorporer le mélange dans le yaourt nature froid au réfrigérateur. Ajouter le vinaigre. Il est important de ne pas utiliser d'eau bouillante et de yaourt froid au réfrigérateur.

2. Procédez selon les instructions du programme de la machine à pain. Pour moi, mettez d'abord le mélange liquide dans la machine à pain, puis ajoutez les ingrédients secs. Sélectionnez le programme de cuisson du pain et le brunissage souhaités. Je prends le programme rapide avec un bronzage moyen. Cela prend 2 heures et 20 minutes. Vous pouvez également choisir le programme de pain de base ou de grains entiers. Là, le temps de levée est plus long et le pain est encore plus moelleux.

3. Laissez le pain fini refroidir complètement. Cela rend plus facile de se déformer et facile à couper. La recette donne un pain d'environ 930g. Je l'aime mieux frais avec un peu de beurre et de sel.

Astuce : Le résultat semble dépendre beaucoup de la machine. Si vous essayez la recette pour la première fois, vous devez vérifier pendant le processus de pétrissage si le liquide est suffisant ou si vous devez l'ajouter à la cuillerée. Avec la recette de base donnée, cela peut aller jusqu'à 50 ml. La pâte doit toujours être collante et relativement humide, alors le pain sera bien moelleux.

231. Pain d'avoine à l'épeautre au miel et babeurre

*Temps de travail environ **10** min - Temps de cuisson/cuisson environ **3** heures **20** minutes*
*Durée totale environ **3h10** minutes*
*Portion : **1***

Ingrédients

- 200ml Babeurre
- 100ml Eau
- 1½ cuillère à soupe Chéri
- 300 grammes Farine d'épeautre type 1050
- 100g Farine de Blé Type 550
- 100g son d'avoine
- 4 cuillères à soupe tourteau de lin
- 1½ cuillère à café Sel
- 1 sac levure sèche

préparation

1. Mettez tous les ingrédients liquides dans le moule de la machine à pain. Dans un bol séparé, mélanger les ingrédients secs. Mettez-les ensuite dans la machine à pain.

2. Selon la machine à pain, choisissez un programme avec un temps de cuisson long, mais pas le programme complet. Si vous le souhaitez, retirez le crochet pétrisseur avec une main farineuse avant la cuisson. Si vous le souhaitez, saupoudrez de flocons d'avoine sur le dessus du pain avant la cuisson. Pour rendre le bâton d'avoine meilleur, vous pouvez humidifier un peu le dessus du pain avec un pinceau.

3. Si vous utilisez le minuteur de votre machine à pain, saupoudrez la levure sèche sur le dessus au lieu de la mélanger avec les autres ingrédients secs. Cela empêchera la levure d'entrer en contact avec l'eau ou le babeurre.

232. Banane - Noix – Pain

*Temps de travail environ **5** min*
*Durée totale environ **5** minutes*
*Portion : **1***

Ingrédients

- 250ml lait
- 4 cuillères à soupe Huile, sans goût
- 2 Bananes, mûres, écrasée
- 4 œufs
- 110g Sucre
- 100g noix, hachées
- 380g Farine (Type 405)
- 2 Cuillères à thé levure chimique
- 1 cuillère à café Sel

préparation

1. Mettez d'abord les ingrédients liquides dans la machine à pain, puis les secs. Sélectionnez et démarrez le programme "Cuisson rapide".

233. La baguette au beurre d'herbes d'Anja du BBA

- ⏱ *Temps de travail environ **10** min - Temps de repos environ **1h***
- ⏱ *Durée totale environ **1h10** minutes*
- 🍽 Portion **: 1**

Ingrédients

- 250ml eau, tiède
- 3 cuillères à soupe L'huile d'olive, peut-être un peu plus
- 500g Farine
- 1 cuillère à soupe. Sel
- 1 paquet levure sèche

Pour le remplissage :

- 2 cuillères à soupe beurre
- par exemple. Herbes de Provence ou Ail

Préparation

1. Verser les ingrédients dans le BBA dans l'ordre ci-dessus. Programme : pâte levée.

2. Enfin, une fois que le BBA a fait la majeure partie du travail, tout ce que vous avez à faire est de retirer la pâte, de la couper en deux, de la façonner en longs rouleaux et de les couper à environ 1,5 à 2 cm d'intervalle avec un couteau bien aiguisé jusqu'à environ la coupe dans le milieu.

3. Un peu de beurre est étalé dans les fentes (environ une bonne pincée par fente) et enfin le tout est généreusement saupoudré d'herbes de Provence.

4. Préchauffez maintenant le four (chaleur voûte/sole : 220°C). Pendant le préchauffage du four, laisser à nouveau lever les baguettes dans un endroit chaud. Enfourner ensuite environ 20 minutes.

5. Variante : Au lieu de beurre et d'herbes de Provence, vous pouvez également mélanger du beurre mou avec de l'ail fraîchement pressé et le frotter pour obtenir de délicieuses baguettes au beurre à l'ail.

⇒ Les baguettes sont délicieuses seules, mais sont également excellentes avec des salades ou pour griller.

234. Pain de seigle de Scandinavie

- Temps de travail environ **15** min - Temps de repos environ **8h**
- Temps de cuisson/cuisson environ **1h45** - Durée totale environ **10h**
- Portion : **1**

Ingrédients

Pour la pâte :

- 450ml Babeurre
- 100ml sirop de betterave
- 180g Farine de blé type 812
- 165g Farine de seigle type 1150
- 65g grain de blé
- 60g grain de seigle
- 35g Flocons d'avoine, moelleux
- 60g graine de lin
- 50 grammes graines de tournesol
- 100ml Noisettes, hachées grossièrement
- 1½ cuillère à café Sel
- 2 Cuillères à thé mélange d'épices à pain
- 1 sac bicarbonate de soude
- 1½ cuillère à café levure chimique

Saupoudrer :

- Noyaux

Préparation

1. Faire chauffer le babeurre et le sirop dans une casserole jusqu'à ce que le sirop soit plus malléable. Sortir la marmite du four. Retirez le récipient de la machine à pain et recouvrez-le de papier sulfurisé. Ne pas utiliser de crochet pétrisseur.

2. Dans un bol à mélanger, mélanger tous les ingrédients secs, ajouter le mélange de babeurre et mélanger avec une cuillère/spatule à mélanger.

3. Verser la pâte dans le moule préparé et lisser. Saupoudrez de graines et/ou de flocons d'avoine si vous le souhaitez. Placez le moule dans la machine à pain et fermez le couvercle.

4. Dans le programme de cuisson de mon Panasonic 2550, le temps de cuisson est de 1 heure et 45 minutes. Réglez d'abord 1 heure, puis recommencez le programme pendant 45 minutes.

5. Démouler aussitôt après cuisson et laisser refroidir le pain sur une grille. Attendez au moins huit heures avant de couper.

6. Sans machine à pain, vous pouvez cuire le pain dans un moule à cake à 180 °C chaleur voûte/sole pendant environ 60 minutes.

Remarques : Le sirop fait définitivement partie de la recette, vous pouvez aussi en utiliser un léger.

Le kéfir peut également être utilisé à la place du babeurre. En Suède, le lait aigre suédois est utilisé, semblable au lait aigre.

J'utilise souvent 5 à 10 g d'améliorant de panification/enzyme de cuisson, ce qui rend le pain moelleux et dure plus longtemps.

Si vous n'avez pas de farine 812, vous pouvez cuire avec de la farine de blé 550 ou 1050 ou éventuellement avec de la farine d'epeautre.

Si vous le souhaitez, vous pouvez échanger une partie des graines de lin contre du sésame.

235. Pain de riz sans gluten sans mélanges de farine prêts à l'emploi

*Temps de travail environ **15** min - Temps de repos environ **4h***
*Temps de cuisson/cuisson environ **1h** - Durée totale environ **5h15** minutes*
Portion **: 1**

Ingrédients

- 500g Farine de riz à base de riz basmai, moulue par vous-même
- 1 cuillère à soupe gomme de guar ou gomme de caroube
- 2 cuillères à soupe Graines de chia
- 1 paquet levure sèche
- 550ml Eau
- 1 cuillère à soupe noyaux, par ex. B. graines de tournesol, de sésame, de lin, …
- 1 cuillère à café Sel

Préparation

1. Pour le préparer en machine à pain (recommandé), mettre le riz basmati blanc dans le moulin à grain et le broyer finement. Ajouter le reste des ingrédients, un à la fois, sauf les liquides. Verser le liquide dans un robot culinaire.

2. Versez le mélange de farine sur le liquide et laissez le robot culinaire bien pétrir le tout. Vous devez prévoir 2 à 4 minutes pour cela. Mieux la pâte est pétrie, meilleur sera le pain.

3. Retirez le crochet pétrisseur du moule de la machine à pain. Ce n'est pas nécessaire car la pâte a déjà été bien pétrie. Verser la pâte dans le moule.

4. Sélectionnez "Pain complet" comme programme et il est également recommandé de régler une minuterie avec une heure supplémentaire afin que la levure ait plus de temps pour lever.

5. Pour la préparation classique au four - c'est plus compliqué et plus long - mélanger la levure et un peu de sucre avec l'eau, laisser un peu. Pendant ce temps, préparez le mélange de farine comme ci-dessus. Puis bien pétrir avec l'eau.

6. Verser la pâte dans un moule à cake ou en céramique et couvrir d'un linge humide. Laisser lever au four à 45 °C pendant environ 30 à 40 minutes. Cuire ensuite à 200 °C chaleur voûte/sole pendant environ 50 à 60 minutes. Laissez le pain refroidir légèrement sur la grille métallique.

7. Étant donné que je n'utilise que moi-même la machine à pain, je vous recommande de rechercher des instructions de préparation plus détaillées en ligne si vous avez peu ou pas d'expérience avec la cuisson du pain classique.

8. Pour moi, le gros avantage de la machine à pain c'est que je peux mettre du pain plusieurs fois dans la semaine sans trop d'effort le soir et avoir du pain frais sans gluten le lendemain matin.

236. Pain aux arachides

- ⏱ Temps de travail environ **10** min
- ⏱ Durée totale environ **10** min
- 🍽 Portion : **1**

Ingrédients

- 150ml Eau
- 150ml lait
- 2 cuillères à soupe Huile, par exemple huile d'arachide ou de noix
- 125g Quark
- 70g beurre d'arachide
- 200g farine, 405
- 250 g Farine, 1050
- 1 paquet levure sèche
- 1 cuillère à café Sel
- 1 cuillère à café Sucre
- 4 cuillères à soupe cacahuètes, hachées ou amandes

Préparation

1. Placer tous les ingrédients humides dans la machine à pain dans l'ordre indiqué ci-dessus. Ajoutez ensuite tous les ingrédients secs (la levure sur le dessus de la farine pour qu'elle ne devienne pas détrempée tout de suite). Ensuite, réglez la machine à pain sur un temps de cuisson moyen (par exemple pour un pain mélangé de taille normale) et laissez le pain cuire.
2. Si vous n'aimez pas les morceaux de pain, vous pouvez utiliser des arachides ou des amandes.
3. La recette peut également être réalisée sans machine à pain. Dans ce cas, préparez une pré-pâte avec la farine, la levure, le sucre et le lait légèrement tiède, ajoutez le reste des ingrédients et pétrissez en une pâte levée. Laisser lever dans un endroit chaud environ 20 minutes. Puis pétrissez à nouveau et placez dans un plat allant au four (boîte). Laisser lever brièvement puis cuire au four à 180°C pendant environ 50 minutes. faire un test avec les baguettes.

237. Pain Vital

- ⏱ Temps de travail environ **10** min
- ⏱ Durée totale environ **10** min
- 🍽 Portion : **1**

Ingrédients

- 220ml Eau
- 2 cuillère à soupe beurre
- 1 cuillère à café Sucre
- 1 cuillère à soupe Sel
- 90g Farine (farine de blé 1050)
- 210g farine (farine de blé entier)
- ½ cuillère à café levure (levure sèche)
- 2 cuillères à soupe Millet
- 1 cuillère à soupe graine de lin

Préparation

1. Mettre tous les ingrédients dans le BBA.
   - Programme : moyen
   - Brunissement : moyen

Remarque : Faire tremper le millet dans de l'eau chaude pendant 12 heures au préalable.

238. Croûte de pain au levain

- Temps de travail environ **25** min - Temps de repos environ 30 minutes
- Temps de cuisson/cuisson environ **1** heure - Durée totale environ **1h55** min
- Portion : **1**

Ingrédients

- 550g   Levain (à partir de farine de seigle 1150)
- 400g   Farine de Blé (Type 405 ou 550)
- 400g   Farine de blé, grossière (ou type 405 ou 550)
- 300 grammes eau (chaude
- 12g Levure, fraîche (peut être omise)
- 12g Sel
- 1 cuillère à café sirop de betterave, ou 1 cuillère à soupe bombée de sucre
- 140g Graines de citrouille, ou autre au goût

Préparation

1. Mélanger le levain avec la moitié de l'eau tiède et le sel et verser la farine dessus. Mettez le reste de l'eau dans un petit bol avec la levure et le sirop et remuez jusqu'à ce que la levure soit complètement dissoute et réservez. Si après environ 5 minutes la consistance de la levure change légèrement (en raison d'une éventuelle formation de mousse ou si elle devient crémeuse), c'est exactement le bon moment pour la pétrir vigoureusement sous la masse levain-farine. Graines de citrouille trempées pendant la nuit ou graines de votre choix.

2. Idéal pour ceux qui possèdent une machine à pain. Là, j'utilise le niveau "PÂTE" et vous n'avez pas à faire attention aux temps de repos, car la machine les régule avec précision. Une fois le programme terminé, façonnez la pâte en un pain et laissez-la lever dans un endroit chaud dans le panier de levage jusqu'à ce que la pâte ait visiblement doublé de volume.

3. Si vous ne possédez pas cette machine à pain, vous pouvez continuer à travailler comme suit. Pétrissez vigoureusement le levain pendant 5 à 8 minutes, puis mettez-le dans un bol et fermez-le hermétiquement avec du film plastique. Laisser reposer dans un endroit chaud pendant 30 minutes. Après le temps de repos, pétrissez à nouveau la pâte à la main, façonnez-la en un pain et laissez-la lever dans un panier de levage ou un autre récipient approprié dans un endroit chaud, finissez. Cela peut prendre une bonne heure avec la levure utilisée dans la pâte et environ 2 heures sans levure. Le pâton doit avoir considérablement augmenté.

4. Attention : la pâte est légèrement collante, merci de ne pas pétrir de farine supplémentaire.

5. Chauffez le four à 250° (chaleur voûte et sole), ce faisant, chauffez une plaque de cuisson remplie d'eau sur le gradin le plus bas. Lorsque la température est atteinte, sortez délicatement le pâton du panier de pousse sur une plaque à pâtisserie tapissée de papier sulfurisé et coupez plusieurs fois le dessus en travers avec un couteau bien aiguisé. Maintenant, placez la plaque de cuisson avec la pâte sur l'autre plaque remplie d'eau dans le four et faites cuire à la vapeur vigoureusement (vaporisez l'intérieur du four avec de l'eau à l'aide d'un vaporisateur de fleurs). Au bout de 10 à 15 minutes, baisser la température à 180° et cuire encore 45 minutes. Le pain est prêt lorsque le pain sonne creux lorsqu'on le tape.

Astuce : Je saupoudre le panier de fermentation avec de la farine de blé. Si vous utilisez un autre récipient, recouvrez-le d'un film plastique et badigeonnez-le d'huile neutre (pour éviter qu'il ne colle).

239. Pain snack

- Temps de travail environ **10** min
- Temps de cuisson/cuisson environ **3h30** min - Durée totale environ **3h40** min
- Portion : **1**

Ingrédients

- 300ml Eau
- 2 Cuillères à thé Sel
- 60g Ajvar, doux ou épicé
- 2 Cuillères à thé flocons de chili
- 60g graines de tournesol
- 60g Fromage crème fraîche
- 300 grammes Farine de blé type 1050
- 180g Farine de Blé Type 550
- 2 Cuillères à thé levure sèche

préparation

1. Versez tous les ingrédients dans le moule BBA dans l'ordre indiqué et démarrez le programme "Normal". Vous pouvez également ajouter les graines de tournesol plus tard, après le premier bip, pour les garder entières.

2. Le pain est très savoureux et aussi un peu épicé. Il se marie très bien avec du saindoux, des saucisses maison ou des ragoûts.

240. Petits pains copieux

- Temps de travail environ **10** min - Temps de repos environ **1h45**
- Temps de cuisson/cuisson environ **20** min - Durée totale environ **2h15** min
- Portion : **1**

Ingrédients

- 520 ml Eau
- 2 Cuillères à thé Sel
- 400g Farine de blé type 1050
- 200g Farine de seigle type 1150
- 50 grammes gruau
- 50 grammes oignons rôtis
- 50 grammes poudre (poudre de levain)
- 1 paquet levure sèche

Préparation

1. Placez les ingrédients dans le moule de la machine à pain dans l'ordre indiqué et utilisez le programme pâte pour faire la pâte. Retirez ensuite du récipient. Si la pâte est encore trop collante, ajoutez un peu de farine, si elle est trop ferme, ajoutez un peu d'eau.

2. Formez des petits pains, placez-les sur une plaque recouverte de papier cuisson, couvrez d'un torchon et laissez reposer encore 15 minutes.

3. Réglez le four sur 180 °C chaleur tournante et lorsque la température est atteinte, mettez dans la plaque de cuisson. Mettez également un bol d'eau dans le four. La quantité de pâte fait environ 12 rouleaux. Le temps de cuisson est d'environ 20 à 30 minutes.

241. Petits pains fourrés aux champignons

- Temps de travail environ **20** min
- Durée totale environ **20** min
- Portion : **1**

Ingrédients

- 150g yaourt
- 2 œufs
- 1 cuillère à café Sel
- 2 cuillères à soupe beurre

Pour le remplissage :

- 1 bouquet Oignons de printemps)
- 500g champignons
- 1 cuillère à soupe beurre clarifié
- 1 cuillère à soupe Herbes, mélangées, hachées

- 400g Farine, farine de blé 405 ou 550
- 1 paquet levure (levure sèche)

- 1 pincée Sel
- 1 pincée poivre
- 100g Mozzarella ou vieux Gouda
- Beurre, pour badigeonner

Préparation

1. Mettre tous les ingrédients dans le moule à pâte dans l'ordre indiqué. Sélectionnez le programme PÂTE. Pendant ce temps, pour la garniture, émincer les oignons nouveaux et les champignons. Faire chauffer le beurre clarifié, y faire revenir les oignons, ajouter les champignons et faire revenir jusqu'à évaporation du liquide. Laisser refroidir, incorporer les herbes et assaisonner de sel et de poivre.
2. Diviser la pâte en 12 portions égales. Étalez chaque morceau en cercle et placez 1 cuillerée de farce et 1 morceau de fromage sur le dessus. Façonner la pâte fourrée en un petit pain. Placer les brioches sur une plaque graissée, badigeonner de beurre et laisser lever jusqu'à ce qu'elles aient doublé de volume.
3. Cuire au centre du four préchauffé à 200-225 °C pendant environ 35 minutes.

242. Pain au potiron de Provence

- Temps de travail environ **5** min
- Temps de cuisson/cuisson environ **4** h - Durée totale environ **4h5** min
- Portion : **1**

Ingrédients

- 370g farine de blé
- 50 grammes Farine (farine de blé entier)
- 230ml Jus (jus de citrouille, du presse-agrumes)
- 80g Chair de citrouille, pressée (résidus de jus)

- 1 cuillère à soupe Herbe (Herbes de Provence)
- 1 cuillère à soupe huile d'olive
- 5 Olives, noires, dénoyautées
- 10g Sel
- 10g Chéri
- 6g levure sèche

Préparation

1. Mettez simplement les ingrédients dans une machine à pain, le sel et la levure séparément. réglage 'normal'.

Printed in France by Amazon
Brétigny-sur-Orge, FR